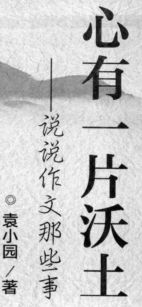

心有一片沃土

——说说作文那些事

◎ 袁小园／著

天津社会科学院出版社

Tianjin Academy Of Social Sciences Press

图书在版编目（CIP）数据

心有一片沃土 ：说说作文那些事 / 袁小园著. --
天津 ：天津社会科学院出版社，2018.3（2021.5重印）
ISBN 978-7-5563-0450-9

Ⅰ．①心⋯ Ⅱ．①袁⋯ Ⅲ．①作文课－高中－升学参
考资料 Ⅳ．①G634.343

中国版本图书馆 CIP 数据核字(2018)第 055132 号

出版发行：天津社会科学院出版社
出 版 人：张博
地　　址：天津市南开区迎水道 7 号
邮　　编：300191
电话/传真：（022）23360165（总编室）
　　　　　　（022）23075303（发行科）
网　　址：www.tass-tj.org.cn
印　　刷：永清县晔盛亚胶印有限公司

开　　本：880×1230 毫米　　1/32
印　　张：9
字　　数：220 千字
版　　次：2018 年 3 月第 1 版　2021 年 5 月第 2 次印刷
定　　价：45.00 元

前　言

　　写作文是一件很难的事吗？一点儿都不，写作文就是"用心讲自己的故事"。只有自己经历的故事才是最熟悉的，也才能叙说出真情实感。因此要想写出好作文，最简单的一个方法就是"用心灵叙说自己的故事"——讲述自己的所见、所闻和所感。

　　每个人都希望自己的故事在叙说中不是味同嚼蜡，毫无情趣，而是能像演电影一样带着观众与自己一起或悲或喜，产生心灵的共鸣。怎样才能把自己的故事讲生动呢？最简单的方法就是"实话实说"，从平凡的生活小事中，抓住令自己印象深刻的一段情节、一个瞬间，谈一谈自己的感悟，这就是平凡生活所孕育的绚丽斑斓。

　　请睁开自己的那一双慧眼吧，生活中有那么多缤纷的花朵。把这些缤纷揽入自己的胸怀吧，这是多么丰富的写作素材！母亲啰嗦的唠叨、耳边微白的鬓发；老师匆匆的脚步、总拿粉笔而变得粗糙的手指；公交车上为了谦让一个座位而坚持的等待……这一切都变得如此美好。请用自己的心灵捕捉这些精彩的瞬间吧，这就是最

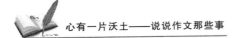

动人的写作素材！

　　世界上没有完全相同的两片叶子，所以每个人看待同一事物也一定会各有不同的感受，当我们把这些自己内心的体验表述出来的时候，就是作文中最精彩的"点睛之语"。真实诉说是讲故事的前提条件，把故事讲得合情合理，才会有人"信"，任何虚假与矫揉造作都无法打动他人，只有"真实"才能表达出"真诚"。"真实"不仅是指自己的亲身经历，同样是指自己的思想。题材"真实"，内容就会自然。情感"真诚"，抒情才会动人。唯有"真实""真情"才能诉说出素材中最美的内涵。为此，我们在讲故事时必须遵循生活的事理逻辑。只有合乎情，顺乎理，才能令听者坚信不疑。

　　世事洞明皆学问，人情练达即文章。让我们携手生活，用一颗真诚的心，去观察生活、发现其中的真善美，体味其中蕴含的哲理，这样就锻炼了自己细致而敏锐的写作思维。当我们在生活中，把藏在心里的"真情"表达出来，自己的故事就叙说生动了，诚恳真挚的文章也就随之泉涌、笔触纸端。

编者

2017 年 12 月

目 录

第一编　整体构思

第二编　局部设计

第三编　巧妙升华

第四编　研究实践

第一编　整体构思

话题一：

失之毫厘，谬以千里
——审题细分析

要求直通车

一、全面，信息无遗漏

作文题目一般可以分为命题与半命题作文，话题与材料作文两种类型。这两种类型的题目，一般都包括三方面内容：提示语或材料、题目、写作要求。审读一个作文题目，就是要对文题中的每一个字、词的含义及其相互关系进行认真推敲、揣摩、辨析，然后加以综合，把握住题目所提示的写作范围、重点、内涵。

审题全面，无任何遗漏信息，还指的是全面理解提示语或材料、题目、要求，切忌片面地把枝叶当主干，造成审题偏差。例如，"我想握住你的手"题目中的"握住"就是要走向对方，接近对方，关注对方，温暖对方；"想"表明"握手"只是一种向往的情绪，内心的趋向，并没有真正发生。同时，"我"又限制了对事情的所见、所闻、

所感、所悟的主体必须是作者自己,因此,行文中必须处处有"我"的存在。如果我们在审题时忽略了其中任何一个词语,都有可能造成文不对题,所以审题必须全面。

【例题】

有人说生活太平凡,幸福很遥远。其实,点点滴滴的幸福在生活中俯拾皆是,只要能用发现的眼光看待世界,用感恩的心态采撷生活,就会收获许多幸福的印记。课堂上真诚的赞许,赛场上热情的鼓励;手机里欢聚的照片,餐桌上美味的菜肴;或是那快乐的远足,春雨中的漫步,醉心的阅读……同学们,用心捡拾生活中的幸福吧,把它装入行囊,伴你快乐成长!请以"捡拾幸福"为题目,写一篇文章。要求:内容具体,有真情实感;文体不限(诗歌、戏剧除外);字数不少于600字;文中请回避与你相关的人名、地名、校名。

【解析】

这个作文题目包括了提示语、题目、要求三个部分,提示语和题目都提到了"捡拾",何为"捡拾"?可以理解为"把曾经被自己忽略的、遗忘的东西重新找回来",也可以理解为"梳理曾经零零散散的片断,使其再现。"所以,在写作文时要突出"捡拾"的过程和感悟。如果仅仅把题目理解为"幸福",就是出现了审题不全面的偏差。

【例题】

春秋时,伯牙擅弹古琴,只是恨无知音。有次伯牙乘船外出,时值中秋之夜,偶遇一樵夫钟子期。伯牙每弹一曲,子期都能讲出乐曲的内容和感情。两人在船上互诉衷肠,成为知音。并约定一年之后在此相会。第二年中秋,伯牙如约前来弹奏,岸上却不见钟子期的影子。后知钟子期已离开人世。死前让人把他葬在岸边,好让他的灵魂依约到此相会。伯牙来到坟前,边哭边弹,仰天长叹:"子期不在,谁是知音?"遂将古琴摔碎。

围绕故事的主旨,写出你的经历或思考。要求:选准角度,自定立意;自拟题目;文体不限(诗歌除外);不少于600字;文中不能出现真实的校名、人名、地名。

【解析】

这是一个材料作文的题目,梳理材料内容的重点要素:知音、信守诺言,就能够从材料中把握主题:可以思考友情的真谛,志同道合、彼此信任;可以思考人与人之间的相处之道:真诚、信守承诺体现的是相互尊重,这是构建美好社会的关键。

二、分析,限制要清楚

"字斟句酌,细细分析"是"准确审读"的一个好方法。"仔细分析题目"就是要通过分析,对作文内容的各种限制做到心中有数,从而在写作文的过程中严格遵守题目要求,确保所写内容在文题规定范围内,做到"下笔有言而不离题,不偏题"。例如,分析记叙文的题目,首先应该分析题目划定的范围,范围不同写人或记事的选材侧重点就不同。写人,要侧重于人物形象的描绘,着重表现人物的精神风貌、道德情操、性格特征等,并适当运用描写方法、表达方式来刻画人物。记事,要扣住记叙的要素来写,把事件的脉络及发展过程叙述明白,使读者有个清晰完整鲜明的印象。

1. 审清文题的时间限制

有的作文题目在时间上提出限制,审题时要充分读懂题目要求。

【例题】

回首初中三年的成长,我们亲身体验过各种辛勤付出的苦与乐、失败与成功……让我们敞开心扉,用心感悟这些点点滴滴,把收获凝聚在笔端吧！请结合自己的初中生活，以"我的初中时代，体验到_____"为题目，写一篇文章。要求：把题目补充完整；内容具体，有真情实感；文体不限（诗歌、戏剧除外）；字数不少于600字；文中请回避与你相关的人名、地名、校名。

【解析】

"初中生活的三年时间"是这个作文题目在时间上的具体限定，其中的行文内容要和"自己的初中时代"密切相关，力求写出自己在初中三年这一特定时间里的追求、奋斗等亲身体验到的各种苦与乐、失败与成功。当然也可以选择初中时代的美好的师生情、真挚的友情等作为作文素材，以突显自己的成长体悟。

2. 审清文题的地点限制

有的作文题目对所选取的地点提出了范围限制。例如，作文题目"走在回家的路上"，就限定行文内容必须是在"回家的路上"。对于"家"的含义，我们可以本义理解为"自己的家庭"，也可以扩展理解为具有故国家园的广义含义，但一定是"走在回家的路上"。

3. 审清文题的数量限制

有的作文题目对于行文内容有明确的数量限制。例如，审读文题《那天，几分甜蜜记在我心田》，我们先来对比另外两个题目《那天，几分甜蜜记在我心田》《那天，甜蜜记在我心田》，很显然《那天，几分甜蜜记在我心田》中的数量词"几分"，限制了"甜蜜"的分量不能只是一点点，也无需很厚重，应该换成"些许"更恰当。

4. 审清文题的人称限制

有的作文题目对于"人称"是有明确限制的。例如，比较《我想和你说》《朋友就在身边》这两个题目对于"人称"的限制，很显然《我想和你说》行文要用第一人称；《朋友就在身边》这个题目，根据自己的构思，既可选择第一人称，也可依据第三人称进行构思。当然,也可以根据构思需要,选择第二人称来行文。

三、准确,抓核心题眼

"题眼"是题目的灵魂,是题目的核心,把握住了"题眼",也就把握住了文章的重点。例如,《我钦佩的老师》与《我喜欢的老师》,二者的内容虽然都是侧重于写老师,但"题眼"不同,就决定了选材重点的不同。两篇文章的重点分别为"钦佩""喜欢",这就决定了两篇文章所表达的情感是不一样的,因此选材也要分别从"钦佩"和"喜欢"入手。

1. 抓住题目中的动词

【例题】

阅读时,我们欣赏一句诗,是因为它富含哲理而优美;游玩时,我们欣赏一景一物,是因为它独特而不凡。一个热爱生活的人,总是会欣赏一缕温暖的阳光、一束美丽的鲜花、一种美好的品德、一份聪慧的睿智……请结合自己的成长经历,以"我欣赏你"为题目写一篇作文。要求:内容具体,有真情实感;文体不限(诗歌、戏剧除外);字数不少于 600 字;文中请回避与你相关的人名、地名、校名。

【解析】

这个作文题目的题眼是动词"欣赏",可以理解为"领略、观赏",也可以理解为"认为好和喜欢"。在作文的过程中,只要突显这种情感即是符合题目要求。

2. 抓住题目中起形容或修饰作用的词语

【例题】

成长中,那些曾经给我们带来感动的人与事,就像甘甜的泉水,陪伴着我们成长的岁月,丰盈着我们成长的每一天。请以"感动的相伴"为题,写一篇作文。要求:内容具体,有真情实感;文体不限(诗歌、戏剧除外);字数不少于600字;文中请回避与你相关的人名、地名、校名。

【解析】

分析这个作文题目的修饰语"感动的",为写作过程提出了具体的限定:一定要突显相伴时带给自己的感动,写清楚令自己感动的原因和经过。而如果仅仅写出"相伴的过程",没有突出"感动的过程",显然就有所偏离题意了。

四、拓展,开辟新思路

开辟写作文的思路,首先要分析文章题目中是否体现了多视角、多侧面、多方位等特点,避免孤立、片面的理解。审读题目时要打破思维常规带来的定势现象,善于从不同的角度切入,然后进行多途径构思。例如,由题目中所提及事物的重点信息,或联想它的过去、未来,或扩展到一般规律,或想到与此类事物相关的其它类似事或物,等等。

【例题】

花是有脚的,因为它们的足迹处处皆是:有的开在山间崖畔,有的开在房前屋后,有的开在床头案上,有的开在胸前发梢……而有一些花,例如,友善之花、诚信之花……一旦栖落于心灵的沃土上,就会生根发芽,抽枝展叶,开出美丽的花来。请以"开在心中的花"为题目,写一篇文章。要求:内容具体,有真情实感;文体不限(诗歌、戏剧除外);字数不少于600字;文中请回避与你相关的人名、地名、校名。

【解析】

分析题目的提示语"花是有脚的,花的足迹处处皆是",点出了花即为有形的花。再审题目"开在心中的花",点出了花即为那些无形的花。围绕"无形的花"继续分析提示语中所例举的内容:友善之花、诚信之花……这就说明了"心中的花"是指那些精神之花、文明之花。拓展构思,继续思考:"心中的花"还可以喻指哪些? 于是,更加开阔的思维就会泉涌于脑海:可以是梦想、信念等精神;可以是孝顺、诚信等高尚的品德;可以是善良、宽容等高贵的品质;可以是坚强、勇敢等令人赞美的性格;可以是淡定、乐观等良好的心态;可以是亲情、友情等美好的情感……"开",一个动词,表现它生长开放的过程,"开在心中的花"并没有限定是"开在我心中的花",所以还可以进一步拓展自己的构思,"开在他人心中的花"也可以成为写作的具体素材。

五、深入,解隐含意味

分析标题的含义,一般要从表层含义和深层含义两个方面入手。表层含义即指标题的字面意义,深层含义即指标题的象征义或比喻义。审读具有深层含义的题目,必须要有"透过题目本身抓内涵"的意识,才能揭示出题目真正的意义,写出切题的文章。例如,《爬山的路》这一作文题目,表面意思可以指一条具体的爬山道路,从象征意义分析,还可以指一条克服困难的攀登之路,执着前行的人生之路、奋斗之路,等等。理解作文题目的比喻义或象征义,使之具体化、形象化,这样的审题过程对于激发写作灵感、拓宽创作思路都有着重要的提示作用。

理解文题所隐含的深意,一般包括两方面内容:

1. 丰富的情感

只有了解了命题的情感,才能决定作文的感情基调,或赞美、批评,或激昂高扬、柔细温和,等等,这样写出来的文章才能进一步体现出作者丰富的内心世界。例如,写作《我愿为您唱支歌》,题目中的"您"这个字,决定了文章的写作对象最好是长辈,所体现的感情可以是尊重、热爱、关心等具有积极意义的情感。

2. 深刻的道理

"深刻的道理"一般是文章题目价值观的体现,需要在审读题目时善于联想、比较,由点及面,透过现象看本质。

【例题】

一个初秋的傍晚,一只美丽的蝴蝶从窗户飞进屋里。它不停地在房间里一圈又一圈地飞舞,显得惊慌失措,原来它找不到出去的路。它不停地拍打翅膀,可任凭它左冲右突多少次,也没能飞出房子。最后它耗尽全部力气,奄奄一息地落在桌子上。这只蝴蝶之所以无法从原路出去,是因为它总在房间顶部那点空间里寻找出路,总不肯往低处飞——低一点的地方就是开着的窗户。

请写一篇文章,要求:内容具体,有真情实感;文体不限;字数不少于600字。

【解析】

这是一篇材料作文,透过材料内容,可以发现蕴含其中的生活哲学:寻找解决问题的办法要能够灵活变通,打破思维定势,换一种思维考虑问题;与人相处善于放低自己的姿态,学会低头;下调目标、寻找最适合的方向,也是发展自己的好路径,等等。

审读文题的哲理,就好像是破解谜语的过程,题目是谜面,内涵是谜底,审题是分析的过程。初读,可能会感觉云雾弥漫,但只要一句句细细分析,即能云雾散尽,豁然明晓。

方法点拨

审题的过程是一个完整思维的过程,推荐三个步骤:

第一步:根据题目,理清要求。

第二步:根据要求,选择材料。

第三步:根据选材,确定主题。

【例题】

春天里,徜徉于绚丽花丛,会发现百花盛开离不开春风的吹拂;漫步淅沥春雨,会发现小草萌芽离不开阳光的照耀。请以《春天里的发现》为题写一篇作文,要求:(1)内容具体,有真情实感;(2)文体不限(诗歌、戏剧除外);(3)字数不少于600字;(4)文中请回避与你相关的人名、地名、校名。

【解析】

审读上面的题目,分析具体要求,除了字数、文体等常规要求外,还包含了"春天里"这一时间限制,即:选材必须符合这一具体要求。而所选材料的主题,必须体现出题眼"美好"的深层要求:具有积极的感情色彩,表达出让人身心舒畅,更加美好、更加快乐的心理与思想。

他山之石

收获

在成长的岁月里,我们会碰到各种各样的困难,也许会像满天繁星一样多,但只要有信心一颗一颗摘下来,就一定能收获成长的喜悦。

小学三年级时,在一场音乐会上,我结识了一位新朋友——古筝,从此便喜欢上了它,与它形影不离,也因此有了更多的欢欣与泪水。

去年元旦前夕,为了参加学校的新年汇演,我加速练习。有一天晚上，一支曲子刚弹到一半妈妈就喊了暂停，提醒我说："上滑音没按到位，错音不断。"我赶紧做了调整，继续往下弹。又弹了两个节拍，妈妈继续喊："停，四分音符弹成八分音符了！"我心里一阵烦乱，自顾自地继续往下弹。耳畔又传来妈妈的喊声："还没改过来？"我撅着嘴，小声嘟囔："就是一个校级活动的演出，弹错了也没人听得出来，何必那么认真吗？"妈妈立刻停下手里的家务，面目也变得严肃起来："无论干什么事，都来不得半点马虎和松懈，心浮气躁必将一事无成。"看着妈妈严肃的表情，我的脸一下子红到耳根子。

我打开电脑，上网观看演奏示范的视频，只见老师纤细的手指流畅地拨动着琴弦，脸上洋溢着陶醉的神情。我突然有了一些新收获"心平气和地努力做好一件事，一天容易，十天容易，但如此坚持不懈却是一种挑战。"顿时，我的心中涌起一个声音："还记得那次音乐会吗？既然选择了古筝，就要选择坚持，可不能半途而废呀！"是呀，困难就像坚石，能阻碍我们前行的路，却阻碍不了我们前行的勇气；困难也像一扇大门，能挂上禁闭的门锁却关闭不了我们开启的希望。想到这里，我重新坐到古筝前，开始一遍又一遍弹同一支曲子，直到忘记了时间。

毅力是船，努力是帆，只有经历艰辛的修剪培育，才能收获累累硕果；只有经历辛勤的呵护浇灌，才能收获鲜花朵朵；而我们只有经历挫折和磨难的考验，才能体会到胜利和成功的喜悦，它像蜜一样甜，像花一样美！

【评语推荐】

审题正确、扣题严密，是本文写作的一个主要特色。叙事过程围绕练习古筝的收获有一定的起伏感，那一遍又一遍流淌在指尖的古筝乐曲，细腻而又真实地再现了以为少年成长的心路历程，终于拨云见日,超越了自我,见证了胜利的喜悦。全文内容丰富而有条不紊、井然有序,情节比较曲折生动,体现了作者清晰的思路与精心的构思。

实践体验

【文题 1】

户外行走时,我们有时会遇到顺风,有时会遇到逆风。对于同一个人来说,即使风力一样,也往往感觉逆风比顺风更大。顺风时,即使感觉不到,它也一直在推着你。

生活中,顺风如同好运,人们往往会忽略它,高估自己;相反,逆风堪比霉运,人们往往会放大阻力,甚至会选择逃避。

请根据读后的感悟和联想,写一篇不少于 600 字的作文。要求:(1)内容具体,有真情实感;(2)文体不限(诗歌、戏剧除外);(3)字数不少于 600 字;(4)文中请回避与你相关的人名、地名、校名。

【审题分析】

【文题 2】

缺月变圆,让人明了什么是坚持之后的希望;东归大海的流水,因一往无前,便无可阻挡!回报让乌鸦懂得反哺,感恩会让人想起跪母的羔羊。师长的期待,为青春的生命注入无限的可能;同学的帮助,让少年感受到友谊的力量。小小蚁穴,竟可以让河堤崩塌;无谓的纷争,多由于缺少谦逊礼让……生活事事包含哲理,生活处处都是老师。请以"生活告诉我"为题,写一篇文章。

【审题分析】_____

_____

_____

_____

_____

_____

【文题3】

每个人都渴望拥有一双翅膀:年幼时,我们渴望拥有一双"独立"的翅膀,能挣脱父母无微不至的庇护;长大后,我们渴望拥有一双"追梦"的翅膀,能达到自己努力追寻的地方;苦痛时,我们渴望拥有一双"超越"的翅膀,能帮助自己飞过绝望,看到希望;被束缚时,我们渴望拥有一双"自由"的翅膀,到达一个任由心灵翱翔的世界……请以"翅膀"为题,写一篇文章。要求:(1)内容具体,有真情实感;(2)文体不限(诗歌、戏剧除外);(3)字数不少于600字;(4)文中请回避与你相关的人名、地名、校名。

【审题分析】_____

_____

_____

_____

_____

_____

话题二：

山重水复疑无路，
柳暗花明又一村
——材料精心选

作文选材的过程，就像美食家挑选食材，只有选出最适合的、质量最好的食材才能烹饪出美味佳肴。俗话说："巧妇难为无米之炊。"倘若没有准备好最主要的食材，就算是配有极其丰富的辅助作料，也无法做出美味。因此，写作文时，舍弃无用的、不贴切的材料，而选出最能体现题目要求的材料，是作文成功的一个关键环节。例如：写作意图是赞美自己老师伏案认真工作的精神，就得收集老师如何备课、如何批改作业等材料，而老师为生病同学准备午饭、打热水等情节就是可以舍弃的。

要求直通车

切题适用的作文素材是提高写作质量的基础，因此作文材料必须要经过遴选的过程，遴选的前提条件就是：体现题目要求、根据主题需要，从平时积累的材料中，挑选出最适合的一则或若干材料。

一、真实

"真实"是写好一篇文章最基础的要素,因为真实的人、真实的事、真实的物都是自己最熟悉的。作文中的"真实"材料,就是那些客观存在的,能反映生活本貌的材料。相反,那些材料不真实、胡编乱造的材料,不仅无法体现文章的主旨,而且很容易让人因为感到虚假不可信而产生反感。而生活中真实的人、事、物有很多,若要精心选择那些有意义的"真实"来写,就要动一番脑筋。穿衣讲究场合需要、色彩搭配、款式适合、舒适程度等因素,这个过程就像是写作文,需要经过一番斟酌才能做出决定。

真实的选材,不仅来源于真实的经历,也源于真情实感的体验。一篇优秀的作文,就是要体现出自己内心的主观色彩,包括分析思考、判断评价等。文章中流淌的真情,不是闭门造车的无病呻吟、也不是跟随潮流的人云亦云,而是需要用自己充满好奇的眼睛去观察,用聪敏的耳朵去倾听,用灵巧的双手去触摸,用智慧的大脑去思考,用细腻的心灵去感悟……这样写出来的作文,一定能体现出充沛的真情感染力。

在这里,还需要提醒注意的是:不能因为选材要符合生活原貌,就排斥富有曲折性特点的材料,而把"真实"简单理解为"简单直白"。其实,那些具有说服力和感染力的生活素材,往往都是因其生动、丰富而更加显出不平凡的魅力。再有,作文材料的真实绝不是"材料的实际再现"这么简单,把真实的生活转化为写作素材,是需要适当提炼的,经过提炼的材料具有"高浓缩"的效果,比现实生活更加鲜明、强烈、集中。因此,材料的"真实"并不反对"对材料的合理加工",只要我们的构思符合生活逻辑,作文的真实性就能有保障。

作文选材，简单说就是"为题目寻找合适素材"的过程。因此，选材的过程必须要遵循生活的普遍真理：事真，情才真。作文选材时，建议采用"自问自查"的方法来检查素材是否合适，例如，"这样的选材是否可信？""这样的加工符合生活实际吗？"等等。这些问题的回答过程，就是贴切选材的过程。

二、新颖

"材料新颖别致"是选材的一个难点。其实，对于陈旧的素材，如果能换一个新角度再想一想，就很有可能产生"人无我有"的新颖效果。例如："公交车上我给老人让座位，表现出'我敬老'的主题"是一个陈旧素材，如果稍稍加工一下，变为：我在公交车上给老人让座位，老人坐下后伸手把我肩上的大书包拿下来抱在手里，说是给我减减负。坐在旁边的中年阿姨，连忙欠起身子腾出一个空隙，让爷爷把书包放在椅子上，说是给爷爷减减负。车厢里响起快乐的笑声。从而反映出人与人互帮互助的美好生活，反映出尊老爱幼乐融融的社会风尚。

讲述一个故事：据说宋代有一位主考官，出了一道题目是"深山藏古寺"。有的考生在崇山峻岭间画一座古庙，有的考生在茂密丛林中露出庙的一个角，都令主考官不甚满意。还有一位考生画了崇山、清泉，画面中一位老和尚正用瓢将泉水舀进桶里。画和尚而不画庙，有和尚则必有庙，这不正是"深山藏古寺"吗？考试结果是这位考生的画作令主考官拍案叫绝。可见，新颖的构思，就是在选择材料时要别出心裁，另辟蹊径而避免陈旧乏味。

那么，怎样才能让作文选材显示出新颖别致的特点呢？

首先，是要突出一个"选"字。即：从若干材料里，选择出自己认为最切题的，最符合要求的素材。这样的精选过程，有利于克服人云亦云、千篇一律的选材通病。

其次,还要突出一个"疑"字。即:选材就是一个"选择、放弃、再选择、再放弃、还选择、最终确定"的反复思考的过程。也就是:对自己的选材过程提出质疑,不停地追问自己还有更好的素材吗?这样的精选过程,有利于选出"选他人所未选,言他人所未言"的新鲜素材。

三、典型

"典型"的作文素材,指的是足以代表某一类事物普遍特性的材料。有时候受到生活阅历的限制,我们很难在生活中筛选出典型材料,致使作文选材达不到典型化要求。其实,"典型"的作文素材首先要符合生活真实性的原则,并且要遵循主题至上的原则,选材必须符合主题需要。例如,鲁迅的《风筝》一文,作者想要表达的是成年后为自己幼时的无知,对弟弟儿童天性的扼杀行为充满了内疚和自责。更令作者痛苦的是他已无法求得宽恕,因为弟弟对这件往事已全然忘却。从弟弟的"全然忘却"中,作者体会到中国老百姓对封建道德奴役、家长式的专制制度的不觉醒,因而倍感改造"国民性"任务之艰巨,点出作者心情沉重的内在原因。为了凸显这一主题,作者在与弟弟发生的许许多多的事件中,只选取了踏碎风筝、虐杀弟弟爱好这一材料来表现,可谓经典之极。选择典型素材,就是要学会"层层筛选",要善于从纷繁的材料中,选出最有代表性的内容,体现出以点带面、用部分代表整体、表现本质、留下深刻印象等特点。例如:为《我的恩师》这篇作文选取典型材料,就是从关于老师的若干事例中,选出对我帮助或影响力最大的那些素材,这样的素材最能突显题目中的"恩"字,具备了典型材料的特点。

选择典型素材,建议采用比较法。即根据文题要求,先选出多个相类似的材料,再从准确切题、突显主题、规范题材等角度,加以比较,分析哪一个材料更具有代表性就选择哪一个材料,这样选出的素材就能够更加突显其典型性。

四、时尚

现代社会的发展日新月异,各种信息、现象、问题都是生活中最鲜活的素材,也是作文中能显示出时代特色的崭新材料。想一想我们在语文课上学过的课文,朱自清《背影》、都德《最后一课》、鲁迅《中国人失掉自信力了吗》、史铁生《秋天的怀念》等,哪一篇文章没有彰显出时代的特色? 一篇跳动着时代脉搏的好文章,不仅能唱响美好新风尚的赞歌,而且对于社会某些丑恶面貌也能及时敲响时代的警钟。例如:给地震灾区捐款、捐物,中国女排再夺世界冠军,庆祝中国人民解放军建军 90 周年阅兵,等等,都是最具时代元素的素材。再如,对于共享单车乱摆乱放,过马路无视红灯,地铁高峰时段跨越栏杆逃票等问题的议论,也同样属于时代的最强音。

方法点拨

在日常写作训练中,怎样才能"精挑细选"出最恰当的材料呢? 注重日常积累无疑是一个好方法,可以从以下三个方面进行努力:

一、积累材料选"熟"不选"生"

具有"真情实感"的作文素材,一定是自己非常熟悉的。只有"熟悉",才能激发切身的体验,也才能产生共鸣。生活中的写作素材"百花齐放":我们可以将视野集中在雄伟的山峰、奇伟的山崖,广袤的草原、早春的小草,浩瀚的海洋、流淌的小溪;我们也可以把视线集中在朝晖夕阴的变幻、寒来暑往的更替、花开叶落的瞬间、鸟语虫鸣的陪伴,等等。但是这些"百花齐放"的写作素材,不一定都是我们笔下最适合的,因为对于其中陌生而不熟悉的材料,我们把握起来一定不能得心应手。生活中只有选择那些自己熟悉的人、情、事、景、物才能写出细腻、动人的内心情愫,也只有选择那些能够触及灵魂,拨动心弦的材料,才能引发读者随之怦然心动。例如,与我们朝夕相处的父母、老师、朋友,邻居家热情的老人、天真的小朋友, 社区里认真负责的保安师傅……学校里一堂回味无穷的生物课,一本喜欢阅读而翻得卷了边的书,毕业之后依然洗得干干净净、叠得平平整整的校服……这些与我们惜惜相伴的素材都是大家非常熟悉的,选择时我们一定会饱含感情的审视它,写作时也就一定会饱含感情的表达它。特别提醒注意的是,积累的材料最好以"我"为主人公,这样才有助于呼唤出自己心灵深处的最强音,达到"以我心写我文"情真意切的写作效果。

【素材分析】

有一篇以"真情"为题目的作文,选取的素材是:妈妈中午打饭买了她最爱吃的馄饨,却一口都不吃。问妈妈为什么,她说自己买了两碗,没有饭盒盛,就在饭馆先吃了一碗,现在已经吃饱了。多年以后的一天,无意中看到妈妈的日记,记录着她在一个寒冷的冬日,买了两碗混沌回家,看到我美美地吃完,她开心地笑了,虽然忍着饥饿,心里却很幸福。顿时,我泪如雨下。又往后翻看,妈妈还有一段谎言,中考前,妈妈说单位要选派她外出学习一周,其实是去医院做阑尾炎手术。为了怕我分心惦记,就一直没有告诉我。读到这里,我再一次泪如雨下。可见,每一个"谎言"的背后都是一段母爱的故事,心底滚动的是一腔爱的真情,最真的情就包裹在最真实的事件中。

其实，在我们每个人的心中都装着很多这样真实的"感人"素材，只要我们能倾注真情、倾倒心声，就足以写出饱含感情，具有动人力量的作文。

二、积累材料宜"小"不宜"大"

作文一般情况下都有对字数篇幅的特定要求，也有"生动、具体"等写作上的诸多要求。所以，在选择素材时，宜从"小"入手，既容易控制字数，也容易写得具体、生动、细腻、感人；而"大"材料就很容易写成泛泛而谈的"介绍性"文章，内容空洞缺乏重点。特别提醒注意的是，选材切入点"小"并不意味着"材料主题的狭窄"，而是在"大处着眼，小处着手"的材料筛选过程中表现出积极向上、活泼健康的主题，体现"以小见大"，体现出作文选材的典型性。

1. 精选生活细节

老子有言："天下大事，必作于细。"从某种意义上说，一个好的细节描写顶得上千言万语。一个人要想成就一番事业，必须从简单的事情做起，从细微之处入手。写作文也是同样的道理。作文选材也无需为"力求新颖"的原则所束缚，而非得选择"某些惊天动地的大事件"。其实，生活中最寻常的事也是最本真的，若能在寻常事中敏锐选择出动人的瞬间，做细腻入微的描写，寻常事也能闪耀出光彩夺目的神采。例如，《背影》这篇散文以父亲的背影为细节选点，多次对其进行白描式刻画，其潸然泪下的动人效果跃然纸上令人回味无穷。

2. 分析独特感受

作文素材的积累，还包括对自我独特感受的积累。那些看似微不足道的平凡小事，常常会带给我们很多生活的触动，例如，留心思考一草一木、一虫一鸟、一景一物所带给自己的思想碰撞；留心思考日常小事、小情景所反映的生活大背景,透视这些现象来分析生活的本貌和内涵。总之,积累作文素材,就是要学会调动自己敏锐的思维触角,从身边的小事中挖掘出有影响意义的深远价值。

【素材分析】

写作文章《留住那份纯真》,可以从"歌颂单纯而美好的人、景、物、情"这一"大"方面入手,再缩小为"纯真的感情是什么""纯真的想法有哪些"等小范围,进而做出"纯真的友情""纯真的追求""纯真的理解""纯真的心灵"等具体选择。这样,自己素材库中有关宽容、真诚、互助、朴素、诚信等内容的素材就都可以调出来,以供选择备用。

三、积累材料重"新"忌"旧"

试想,作文素材如果不新鲜、缺乏个性化,又怎能写出有新意的文章? 反之,选材若有创新意识,写出来的作文自然就会有新意。古人云:"良桐方能斫美琴"。作文时,怎样才能有这样的选材效果呢? 建议遵循"四坚持"原则:

坚持选亲身经历的,不选道听途说的;

坚持选具体的,不选空泛的;

坚持选有趣的,不选平淡的;

坚持选罕见的,不选常见的。

1. 做好"推新替旧"的调整

作文素材,时间越"切近"就越鲜活,记忆也就越清晰深刻,想说的话自然就很多;相反,时间已经"久远"的材料,不仅缺乏时代感,而且很容易凭模糊印象出发,叙述起来也很难做到熟悉、亲切。

【素材分析】

构思《第一次尝试》这篇作文,可以在"做家务"的类型素材库中调出材料"第一次尝试学习焖米饭的经过",材料主题定位在"第一次尝试焖米饭,成功后妈妈夸奖我学会做家务,可以帮她排忧解难了"。这一作文素材,经过"推新替旧"的调整,还可以调整为"三次焖饭的不同感受",具体是:第一次往锅里放水,水多米少没成功;第二次米多水少,也没成功;第三次米水比例恰当,终于成功。"材料主题也随之修定为"只有实践才能出真知"的生活道理。显然,调整后的作文素材,在素材的新颖效果和主题的深度等方面都略胜一筹。

2. 做好"构思角度"的转换

选材时转换构思角度,给"旧"材料重新穿上"新"外衣,通过新角度来引申表现新主题,从而实现耳目一新的选材效果。例如,以逆向思考为切入,突破常规印象,从少有人想过或写过的角度进行选材,即会有耳目一新的效果。例如,以"＿＿＿＿的滋味"为题,常规的思维方式都是选择"甜蜜的滋味"等正面素材,而如果选择"痛苦的滋味""第一次说谎的滋味"等素材,其新颖度即刻倍增。

需要提醒注意的是,选材时转换"构思角度"的前提是立意要正确、恰当。调换材料角度,并不是追求稀奇古怪的事情和曲折离奇的情节,而是要在常规材料中通过独特视角的观察与思考,表现出新的认识、新的感受。例如,写父爱"冷若冰霜",实际上是要体现父亲对我客观、冷静看事物的习惯培养;写父爱严厉如"刀锋",实际上是要体现藏在严厉要求之后的父爱;写父亲被人误解的"疯疯颠颠"的样子,实际上是要体现父亲健康、乐观的心态。

【素材分析】

以"最需要"为题,常规思维会写"困难时最需要的是家长、老师或同学等人的帮助",而如果能从相反角度思考"困难时最不需要的是家长、老师或同学等人的帮助"从而突破主题"给我的成长一点时间,我能独立克服这些困难,呼唤一种教育方式的改变。"显而易见,这样的选材高人一筹。

3. 做好"关注时事"的准备

"文章合为时而著,歌诗合为事而作",作文选材如果能把自己的生活经历和时代步伐结合起来,选材做到"关注时事",其新鲜感不言而喻。例如,"新闻联播""焦点访谈""东方时空""人与自然""异想天开""感动中国特别节目""大国工匠"等电视栏目、节目,把相关"热点"引入自己的作文,选材就会变得新颖起来。

【素材分析】

以"想起了_____"为题的作文,一同学以观看"舌尖上的中国"为背景材料,串起了自己家乡的特色美食:烙饼、烩面、灌汤包、莲花酥。每一道美食引出一段和奶奶一起在家乡生活的往事,浓浓亲情融化在美味里,更是一种甜美的味道。

他山之石

友谊的真谛

友谊,是一把雨伞下的两个身影,相互依偎,相互帮助;友谊还是一张课桌上的两对明眸,相互鼓励,相互安慰;友谊也是宏伟乐章上的两个音符,相互配合,相互映衬。如果生活中没有友谊的滋润,心灵之壤就会在季节的变奏里荒芜。在盛开着友谊之花的园圃里,我慢慢品味着友谊的真谛……

无法忘怀春季运动会上的那件往事。同学们推荐我报名参加了400米比赛。由于首次参加运动会,我的心紧张得像灌了铅一般沉重,总是担心失误或成绩太差无法向老师和同学们交代。离比赛的日子越近,我就越像顶着一片抹不去的乌云,只要一想起400米,我就立刻会满头大汗,脸涨得通红。

　　有一天放学以后,好朋友小明找到我说"小亮,你这样紧张的状态,怎么能上赛场呢?""可我就是放松不下来,我看还是弃权吧!""咱坚决不能做逃兵,我有办法帮你!"说着,他就拉起我的手一溜烟跑到田径场。"开始——跑!"他指挥并发号命令。我原本就一肚子的问号,这下更加迷惑不解,真不知道他葫芦里卖的是什么药。

　　我被动的开始跑起来,才跑出几步就开始出汗,半圈下来,我的T恤也像刚被雨淋湿一般,黏糊糊贴在身上。就在这时,观众席上传来雷鸣般的呐喊助威声,我朝声音的方向望去,真奇怪,只有小明一个人呀!我继续费力地向前跑,呐喊声也跟着一浪高比一浪,我再仔细一看——原来是小明放的录音!小明也费尽全力喊着:"小亮,你告诉自己,这就是比赛,全校师生都在看着你!向大家展示出你最快的速度!"顿时,我就像装上了火箭助推器,越跑越快,好像要飞起来一样!就在冲过终点的一瞬间,紧张的情绪突然烟消云散,我的全身心都觉得特别轻松。

　　比赛那天,站在跑道上,发令枪一响,我就像子弹一般"飞"了出去,脚底下也好像乘着风,耳畔一直响彻着同学们的加油声,我箭一般冲过终点线。广播里传来捷报,我不仅取得了冠军,还破了学校记录!我紧紧拥抱着小明,是他用真诚鼓励我,帮我成功地战胜了内心的胆怯,也让我沐浴在友谊的阳光下尽享温暖。

　　友谊是指南针,在迷茫的时候,可以为我指明前进的方向;友谊是船帆,在受阻的时候,可以为我创造强大的动力;友谊是龙骨,可以为我架起稳固的支撑。拥有友情,便拥有了信赖的真诚;拥抱友情,便理解了友情的真谛!

【评语推荐】

　　本文选取了作者生活中一段熟悉的经历,通过赛前的紧张,发现好友放录音时的惊讶,战胜胆怯的喜悦,比赛成功时对好友的感激等一系列情节,细腻地表现出自己的心理变化,对"友谊"真谛的剖析淋漓尽致。特别是好友放录音鼓励自己的情节,在悬念中把行文推向高潮,成为构思的一个亮点。

实践体验

【文题1】

初中三年的语文课上,那些生动的语文活动一定给我们带来了很多收获。还记得汉字大赛上同学们出色的表现吗?还记得演讲比赛、作文比赛、戏剧表演等活动中,同学们如火如荼的准备过程吗?请选择一次给你留下深刻记忆的语文活动,具体写出自己的感受与收获。题目自拟,文体不限,不少于600字。

【精挑细选列提纲】

_____

_____

_____

_____

_____

_____

【文题2】

还记得《爸爸的花儿落了》这篇文章中女儿对父亲的怀念之情吗?还记得《藤野先生》这篇文章里学生对老师的感恩之情吗?还记得杜甫"露从今夜白,月是故乡明"的思乡之情吗?还记得邓稼先的血液里流淌的爱国之情吗?一个时代,一段生活,无法令我们忘却的常常是刻骨的精神、温暖的情意……请以"无法忘怀的____"为题写一篇作文,要求:(1)将题目补充完整;(2)内容具体,有真情实感;(3)文体不限(诗歌、戏剧除外);(4)字数不少于600字;(5)文中请回避与你相关的人名、地名、校名。

【精挑细选列提纲】

_____

_____

_____

_____

_____

_____

【文题3】

我们有时会站在岔路口,面临选择。《散步》中,"儿子"选择有意思的小路,而"我"为了母亲选择平顺的大路。《未选择的路》中,"我"选择了一条荒草萋萋、人迹更少的路,虽然一直怀恋着那条未选择的路,但绝不回头。《故乡》中,鲁迅写道:"其实地上本没有路,走的人多了,也便成了路。"这句话告诉我们也可以选择一条从未被开辟的道路,自己去创造。

上述材料引发了你哪些联想与思考?请你写一篇文章,可以讲述经历,也可以阐述观点,还可以……要求:自拟题目,自定立意,文体不限,诗歌除外,不少于600字。

【精挑细选列提纲】

_____

_____

_____

_____

_____

_____

话题三：

欲穷千里目，更上一层楼

——立意有挖掘

　　作文立意，简单说就是确定一篇文章的中心，具体而言就是通过对人物、事件、情节的叙述，表现出自己的情感与思想，读者透过这种思想能够感知到作者的写作意图，实现与作者的情感共鸣。"立意"是一篇文章的灵魂，"立意"的深刻与否标志着整篇文章的优与劣。因此，在作文时对立意进行深入挖掘，是提高作文质量的一个关键环节。

要求直通车

一、正确、鲜明

　　"正确"的立意，是指文章所表现出来的思想一定要符合社会生活的客观实际及道德标准，其价值观具有积极意义、健康向上。应该特别提醒注意的是：一篇文章的主题，最好是读者比较感兴趣的、是大家比较熟悉认可的,这样才能最大限度地达到"陶冶性情、美化心灵"的效果。

"正确"的立意应该是鲜明的,即:一篇文章的主题所要歌颂或批评的内容,所表达的观点,一定要清楚明白,不能含糊、模棱两可。例如:立意正确的文章,作者要明确表达出自己对生活中"真""善""美"的歌颂,或对"假""恶""丑"的坚决反对与批评揭露。

【立意分析】

在习作《友情的真谛》中,作者的立意是:友情贵在彼此的相互理解、信任。但是,坦诚相待绝不意味着全盘接受,在正确与正义面前,真诚相助也表现于朋友之间有勇气说"不"。这样的立意突破了对友情的单一歌颂,表现出对"友情"客观性的正确认识,周密而深刻。

二、深刻、新颖

"深刻"的立意需要挖掘出作文素材最本质的内涵,即:不仅能从平凡生活中挖掘出最耀眼的光辉,还要能带给读者的深刻启迪与深入思考。例如,胡适《我的母亲》一文,作者从识大体、懂进退、刚柔相济、严慈并进等若干方面来塑造母亲的形象,这也是从多角度来表现母亲对我的影响,同时表达出作者对母亲永远的怀念和深深的崇敬。很显然这样的立意就是深刻的,这样的立意挖掘较单一方面表现母亲性格,有了深入挖掘的过程。

挖掘作文的立意,要善于抓住事物的本质特征,展开由此及彼、由表及里的思考。生活中各种事物之间存在着千丝万缕的联系。有些事表面上看起来极为平常,没有什么东西可写,但若能深入分析,就会发现其中那些不寻常的东西。

【立意分析】

写作《灯光》这篇作文,有一位同学选取了"傍晚的灯光"这一素材,立意挖掘也很有深度:"傍晚时开灯"是家家户户的寻常事,但对于自己的父亲来说,意义就非同寻常:父亲是一名军人,每年探亲假归来时,他的敲门声总是那样急促,他说:"远远地就能看见从家里客厅散发出来的浅橙黄色的灯光,柔和而温暖,他就不由得以急行军速度小跑到家门口,恨不得一步就踏进家里。"八年级春节,很多年来爸爸第一次赶上春节的探亲假,我们一起回乡下老家,远远地就看见爷爷奶奶院子门口的大灯亮着,那白色的灯光映照着爷爷奶奶穿着棉袄,站在门口张望的身影,立刻有一股暖意涌进自己的心里。春节过后,和爸爸妈妈一起离开家乡时,回望爷爷奶奶老屋里投射出来的灯光渐行渐远,再一次对"家"的含义有了更深刻的理解:"家",是亲人之间的惦念与依靠,是温暖的汇合点,是爱的交响曲。

挖掘作文立意的关键,是加强对选材的独特思考。思考的角度越深入,挖掘的主题就深刻;思考的角度越与众不同,挖掘的主题就越新颖。总之,作文立意的挖掘其实就是感悟生活真谛、寓情寓理于其中的过程,即:从平凡的事物中提炼出不平凡的东西,达到"意高而新"的效果。

方法点拨

一、多渠思考

同样一个作文题目,只有从不同渠道同时介入立意的构思,其立意的角度才有可能实现多元畅通,体现出"仁者见仁,智者见智"的效果:不落俗套、新颖深刻。

【例题】

人的成长需要丰富的物质养料,更需要丰厚的精神养料。物质养料强健我们的体格,精神养料强大我们的灵魂。请以"_____是我成长的养料"为题,写一篇文章。要求:把题目补充完整;内容具体,有真情实感;文体不限(诗歌、戏剧除外);字数不少于600字;文中请回避与你相关的人名、地名、校名。

【解析】

构思这篇作文的立意,一般会从积极方面入手,例如,奋斗带给我前行的力量,是我成长的养料;感动带给我美好的感受,是我成长的养料;关爱带给我暖心的幸福,是我成长的养料……在立意构思过程中,如果可以拓宽思路,更多想一想成长中带给我们精神滋养的还有哪些人、情、景、事,这样就可以取得"反弹琵琶"的效果,例如:失败带给我们坚强的信念,是我成长的养料;批评促进我们的思考成熟,是我成长的养料。很显然,这样的立意是深刻而且新颖的。

"多渠思考"是一种发散思维的表现形式。首先要学会多角度观察,才能够多侧面进行思考。

【立意分析】

《我学会了绘画》这篇习作,一般的构思都会写"学会哪些画画技法,成功画出一幅作品,总结从过程中明白的道理",其实还可以拓宽更多构思的角度:国画、素描等不同种类的绘画,各自的方法有哪些不同,从中明白学无止境的道理;绘画工具的质量对作品有什么影响,从中明白做事要注重细节的道理;绘画时要保持怎样的心情,从中明白成功做好一件事需要平和、专心的态度这一道理。

"多渠思考"对自我见解的充分展现。自我见解讲究"自我"的体现,也就是讲究能够提出与大多数人观点不一样的看法,但前提条件一定是正确的。

【立意分析】

习作《感恩老师》，大多数同学的主题是"感恩老师的关心、帮助，赞美老师无私奉献的精神。"有一篇习作的选材是：有一次在我写数学作业的时候，一心想着赶紧写完去看电影。结果作业字迹潦草，错误率很高。按照老师的习惯，这样的作业一定是要面谈面改的。我等待着老师的"亲切接见"。没想到，整整一天，老师连理我都没理。实在沉不住气，我主动去找老师。他用非常冷淡的语气告诉我：如果是例题没有听明白而不会写作业，我愿意为他重新讲解，哪怕是多讲几遍。但如果是态度问题，我绝不会为不认真浪费时间。下班了，我还在教室改错题，老师拿着书包路过教室门口，走到讲桌前面磨磨蹭蹭地找东西。我知道他是在拖延时间等我改错。当我把改好的作业送到他面前，他立刻抓起红笔判了起来。全部改对，他满意地笑了，又立刻变得严肃起来：希望你始终保持一种认真地学习态度，我知道你能做到。现在回想起这件往事，我依然感恩老师当时的这种冷漠，成长中这是一件珍贵的礼物，让我学会思考怎样以一种认真地态度来做好每一件事情。

二、深入挖掘

"向深处挖掘素材"是一个简单便捷的说理方法。素材的思想内涵是客观存在的，对素材的认识不深刻，哲理挖掘就会肤浅。"向深处挖掘素材"可以采用自问的方法，并且要有打破砂锅问到底的精神，探究材料的深层原因，思考素材的意义、价值所在。例如，作文题《其实很快乐》，构思时可以自问："为什么很快乐？""快乐的心情带给自己哪些思考？""怎样才能保持这种快乐？"等等。经历了这样深入思考的过程,其哲理也便能自然而然地被挖掘出来。再如,赞美某位同学助人为乐的精神是常规主题表现,而探究他为什么能形成这种助人为乐的品质,则体现了对主题的深入挖掘。

【立意分析】

在写《理解》这篇作文时,可以通过自己渴望理解来表现对理解的呼唤。也可以能跳出这种"大众思维",从理解是沟通的桥梁,理解是温暖的港湾,理解是友善的体现,理解是战胜困境的动力,理解是伸出关爱的援助之手等多条思维渠道同时进行思考,这样写出的文章,所表现的立意必然能产生引人深思,韵味深刻的效果。

"向深处挖掘素材"是品析素材韵味,剖析哲理所在,体现哲理内涵的一个很有效的方法。例如,所选事件的意义影响,所写人物的精神品质,所抒情感的真切动人,这些都是素材的意蕴所在。其意蕴品析得越深刻,作文的哲理体现也就越自然、深刻。请看《那件事,激励我》作文片段:

为了让我在 1500 米长跑决赛中取得好成绩,同学们开启了"全班总动员"模式:体育委员带着一个小组负责"友情陪练",生活委员组织大家成立了"后勤保障小组",班长客串拉拉队队长……决赛那天,"亲友团"在看台上一字排开,我士气大振,起跑、加速、冲刺都发挥了训练以来的最佳状态,终于第一个冲过终点。每当回想起这件事,我都会倍感受到激励。

分析选材带给我们的思考:那件事为什么能激励自己?那件事对自己的激励为什么能一直持续到现在?这种激励带给自己的影响有哪些?梳理这些思考,正是写作"深入挖掘素材内涵"的体现。

三、联想拓展

"借助联想"有利于把抽象的事理阐述得更加清晰、具体,有利于分析清楚素材的本质。这种方法比较适用于咏物言志类的作文。在作文创作的过程中,运用联想拓展立意,可以收到"一草一木皆含情""一切景语皆情语""言尽而意无穷"的效果。以联想拓展作为立意挖掘的通道,关键是巧妙抓住可以阐发联想的关联点,进行物→人、景→情、表→里、点→面、小→大的思考。

【立意分析】

构思《突破》这篇习作,立意是"阐述生命力的顽强在于坚韧的自我突破"这一道理,巧妙抓住阐发联想的关联点,可以借助路边一株绿色的小草,联想它经历整个冬天的磨砺而在春天又破土新生的过程,从而议论小草突破泥土正是顽强精神的体现这一生活哲理。当然,也可以继续生发联想,进而想到希望、朝气、青春、活力等,从而进一步证明:生活中没有什么事情是不可能的,只要敢于突破,一切皆有可能。要想有所成就,更应当敢于突破——敢于突破,成就完美。

阅读经验告诉我们"托物言志"的写作方法对于立意的深刻性是极具表现力的。这就给作文立意的构思带来提示:从素材本身沿立意主线向外界延伸,在深度、广度、高度等方面都可以挖掘出更加深刻的内涵。

【立意分析】

写作《心灵的距离》,可以由"距离"联想到"矛盾""隔阂""互不理解""缺乏信任"等内容,也可以想到造成这些现象的原因以及解决这些现象的办法。写作立意即可进行深入挖掘:宽容是缩短心灵距离的催化剂;诚信是改善心灵距离的良药;理解是架起心灵距离的桥梁等等。构思《心灵的距离》,也可以由"距离"联想到"奋斗""关爱""欣赏"等内容,这样就可以另辟蹊径挖掘立意:奋斗是缩短和理想之间距离的奠基石;欣赏自己,生活才会充满自信,才会更有意义,也才能不断缩短与"更好自己"的距离。

四、引用强化

"旁征博引"是强化立意深度的常用方法之一。例如,朱自清的《春》,引用《绝句》中的"吹面不寒杨柳风"一句,一下子就突显了春风的温暖与柔情,唤醒了读者对春风的准确体验,激发了读者与作者对于"赞春"这一主题的共鸣。无论是"名言警句"还是"古诗文名句",都是作者强烈的思想感情与文学素养的融合,其意境优美,情感丰富等特点非常典型。在立意时,如能恰当引用,就一定能起到言简意丰、内蕴深刻突显主旨的作用。例如,可以引用"书山有路勤为径,学海无涯苦作舟"来表现勤奋好学;可以引用"时间就像海绵里的水,只要愿挤,总还是有的"来表现珍惜时间;可以引用"长风破浪会有时,直挂云帆济沧海"来表现理想抱负;可以引用"不以物喜,不以己悲"来表现豁达胸襟;可以引用"读书破万卷,下笔如有神"来表现读书的追求,等等。

【立意分析】

在《梦想》这篇习作中,有同学为了表达对"梦想不是空想,是需要用勤奋来实践的一种追求。"他引用了鲁迅《故乡》里的名句:"希望是本无所谓有,无所谓无的。这正如地上的路;其实地上本没有路,走的人多了,也便成了路。"这一引用,恰切地起到了强化主题的作用:鼓励自己对前途充满信心,要敢于迎接生活的挑战,要坚定地朝着自己的目标奋进。

引用"名言警句"和"古诗文名句",可以在较短时间内,通过较少文字,对立意起到画龙点睛之效,达到意境深远、意味无穷的效果。

【立意分析】

在"值得珍藏"这篇习作中,有同学连续引用两句名言:泰戈尔的"要学孩子们,他们从不怀疑未来的希望。"莎士比亚的"黑夜无论怎样悠长,白昼总会到来。"从而突出自己对"值得珍藏的一份永不褪色的希望"。接下来,在作文中作者又引用了蒙田的名言:"人要有三个头脑,天生的一个头脑,从书中得来的一个头脑,从生活中得来的一个头脑。"来进一步阐述希望永不褪色的秘诀是"从书本中学习,从生活中学习",引出自己对"值得珍藏的是一种不断进取的学习精神"这一立意的挖掘。

五、叙议结合

1.先叙后议

在充分记叙的结尾处,增加适当笔墨的议论,能凸显"卒章显志"的写作效果,有增强文章深刻性和感染力的作用。例如,《难舍这片情》作文片段:

而今,我就要小学毕业了,就要离开生活了六年的校园。告别的时刻,我们所有同学都流下了难舍的泪水。这样的班级,这样的老师和同学,怎能不让我留恋?

如果给这段文字的结尾处增加适当议论,其深刻性的写作效果就会明显增强。

而今,我就要小学毕业了,就要离开生活了六年的校园。告别的时刻,我们所有同学都流下了难舍的泪水。这样的班级,这样的老师和同学,怎能不让我留恋?正是这片难舍的真情,让我真正懂得:一定要珍惜身边最美好的这份感情,这是理解、关爱与互助的见证,也是我未来路上的又一份崭新动力。

再如,《心随青春飞翔》结尾议论:

如歌似水的童年伴随时光的飞逝,悄然流走。儿时的玩伴记忆与懵懂无知也随之渐行渐远,迈进青春的门槛,心随之飞翔——有人说青春是多变的,我以为正因此青春才变得充满活力;有人说青春是坚强的,我以为正因此青春才充满不怕失败的豪情;有人说青春是艰苦的, 我以为正因此青春才能不断播种希望的种子……心随青春飞翔,任你在翱翔的天空里不断尝试、不断奋力,青春就能为未来做更多的储备。

2.夹叙夹议

随文夹叙夹议的写法,能增强逐层剖析、层层深入的写作效果。请看《感谢友情》作文片段:

众星捧月般回到教室,我们全都佩服得五体投地,纷纷送上自己的祝贺,他激动地站起来说:"不,这次成功不是我的功劳,感谢大家的鼓励和帮助。"那一刻,同学们的手紧紧地握在了一起。

如果采用夹叙夹议的方法修改这段文字,其写作效果的哲理性就会更加凸显。

众星捧月般回到教室,我们全都佩服得五体投地,纷纷送上自己的祝贺。看着他微笑而自信的面庞,我对"成功来自于坚持不懈的努力"这句话有了更加深刻的理解。他激动地站起来说:"不,这次成功不是我的功劳,感谢大家的鼓励和帮助。"那一刻,同学们的手紧紧地握在了一起,也让我深深体会到一个朴素的道理:团结,真的是可以产生巨大的力量!

【习作片段欣赏】

感谢有你

记得那一次考试不理想,想想自己夜夜苦战依然没有一点成效,我的自信心真是大大受挫。我的内心有一种声音在反反复复地重复着一个问题:"你还学得会吗?你是不是学习的材料呀?"我独自一人坐在校园的长廊上,任凭初冬的寒风灌进自己的脖子,心里一片黑暗。不知何时您走到我的身边,那熟悉的女中音在耳畔响起:"任何一种容器都装的满,唯有知识的容器大无边。"我抬头看着自己连任三年的班主任,还是没有自信地低下了头。您轻轻拍着我的肩膀,依然是那熟悉的女中音:"你要慢慢去欣赏学习的价值,学习不可能一下子装到脑子里,学无止境。老师从来没有怀疑过你的能力,你始终都是一个热爱学习的好学生,咱们能一起探讨一下怎样学好吗?"我的内心突然涌过一丝动人的柔情,那是老师的信任,那是最真诚的鼓励,那是一种源自我内心深处的希望。

我抬起头,再看老师那充满希望的目光,一股力量油然而起,"学习需要一步步去学,一步步去理解,这样才能学到更多。"我轻声低语。现在我已经走出学习的低谷,但班主任汪老师依然是我最感谢的人,她赠予我的每一句话,我都铭记在心。当我陷入困难或面临失败、挑战的时候,这些警句都是照亮我前行路上最明亮的光芒!

难忘的第一次

生活中有很多第一次都记忆犹新,第一次出门旅游兴奋而新鲜,第一次考试取得优秀成绩,喜悦而自豪。在许许多多第一次的经历中,最让我难忘的还是第一次种白菜。

去年暑假,我去乡下奶奶家避暑。第二天一早,就看见奶奶在院子里翻土刨地,我不解地问:"这是做什么?""种白菜。"奶奶应声而答。我迅速加入奶奶的行列,学着奶奶的样子,拿起一把小铁锹开始翻土。才挖两下,就碰到一块硬石头,我连续用力,硬土块丝毫没有反应,头上的汗滴却跟着流下来。我随手把铁锹一扔,赌气地说："这么硬，既然挖不到也就别费力气了！"奶奶走过来捡起铁锹，笑着说："这么点困难，就把我家'小机灵'吓怕了？干活最怕用蛮力。"说着就在地上围着硬石块画了一个圈。我一下子明白了奶奶的用意，接过铁锹，围着圆圈一点一点松土，当我铲到第三圈时，中间的硬石块已经露出一大半，我脚下一用力，铁锹深入地里，胳膊再用力向外铲，石块终于被我掘起，我高兴地欢呼起来，不禁自言自语："原来做什么事，都要动脑筋想办法呀！"我和奶奶一口气连挖四垄，看着整整齐齐的菜垄，我们都笑了。

接下来，奶奶教我撒菜籽，还告诉我："播种菜籽就是抢农时，稍晚两天就得赶上雨季，不仅会冲垮菜垄，也会因为泥土太湿影响发芽。"我紧紧跟着奶奶的节奏，每间隔二十厘米的土地，就撒一粒种子。不一会儿汗如雨下，刚想要停下休息的时候，奶奶已经走到菜垄尽头，我赶紧加快速度，不敢有丝毫放松。最后，我和奶奶又提来两桶水，拿起水舀一瓢一瓢地浇到地里。都忙活完的时候已经临近中午，我也累得气喘吁吁。奶奶带着我走到院子后面，指着一片绿油油的田地说："这一片菜地，是初春时种下的，干农活儿、种庄稼就得提前一季做准备，要经历播种的辛苦。还得想办法克服春天雨水少，最苦的那几天都是挑水来浇灌，一天都不能放松。到现在咱才能吃上西红柿和茄子。生活中很多事都是这样，不坚持啥都干不好！"

以后的每一天，我都早早起床浇地。终于看见破土而出的嫩芽时，我欣喜若狂。因为这一次的经历让我在实践中明白：无论做什么事都要提前做好充分的准备，遇到困难不能退缩，要积极想办法解决，始终如一，才能收获成功的果实。这可真是终生难忘的第一次呀！

【评语推荐】这篇作文思路清晰，突出特点有两个：(1)叙事详细具体，通过"和奶奶一起翻土刨地、播种菜籽、每天早晨按时浇水"等情节写出了自己放假和奶奶一起种白菜的一段经历。内容丰富却不凌乱，结构安排井然有序。(2)在主旨挖掘方面，夹叙夹议，多层次地阐述了生活哲理:遇到困难要积极想办法解决，做事也要养成提前做好准备的好习惯，成功来自于永不言弃的坚持。这些夹杂在作文中的理性感悟，表现了一位少年的睿智思想使原本平实的素材真切而不同流俗，简练又不失生动。总之，这是一篇线索明朗，围绕生活哲理的逐层突显，主题突出、深刻的优秀作文。

实践体验

【文题1】

　　走在成长的路上，上学、写作业、周末辅导班、文艺特长班等，都总是让我们步伐匆匆。于是在努力拼搏中，我们有时会感到疲惫、苦闷，有时也会抱怨单调、忙碌……因此我们需要偶尔能停一停自己前行的脚步，休息，放松，调整……偶尔停下来，不是懒散懈怠，而是为了积蓄新的能量;偶尔停下来，不是放弃努力，而是为了更好地继续出发。请以"偶尔停下来，真好"为题目，写一篇文章。要求:写一篇不低于600的作文，文体不限，诗歌除外。

【立意分析】

＿＿＿＿＿＿＿＿＿＿＿＿＿＿＿＿＿＿＿＿＿＿＿＿＿

＿＿＿＿＿＿＿＿＿＿＿＿＿＿＿＿＿＿＿＿＿＿＿＿＿

＿＿＿＿＿＿＿＿＿＿＿＿＿＿＿＿＿＿＿＿＿＿＿＿＿

＿＿＿＿＿＿＿＿＿＿＿＿＿＿＿＿＿＿＿＿＿＿＿＿＿

【文题2】

　　水，有时是纷飞的雪花，有时是晶莹的露珠，有时是剔透的冰凌,有时是蒙蒙的雨丝……想想这些变化,再想想始终没变的是什么?生活中的每一天,有时充满甜蜜的喜悦,有时又是离别的痛楚,有时是幸福满怀,有时是伤心酸楚……想想这些变化,再想想始终没变的是什么?请以"变化"为话题,写一篇文章。要求:题目自拟;内容具体,有真情实感;文体不限(诗歌、戏剧除外);字数不少于600字;文中请回避与你相关的人名、地名、校名。

【立意分析】_____

_____

_____

_____

_____

【文题3】

　一年又一年,草绿了;一年又一年,花红了。一年又一年,我们从一个幼儿园的孩童,成长为一名初中学生。在成长的过程中,有老师关爱的滋润,有成功快乐的伴随,也有烦恼挫折的困扰……请用手中的笔,记下生活中的点点滴滴,让它成为你记忆中永不褪色的珍藏。请以"永不褪色的珍藏"为题目,要求内容具体,有真情实感;文体不限(诗歌、戏剧除外);字数不少于600字;文中请回避与你相关的人名、地名、校名。

【立意分析】_____

_____

_____

_____

_____

话题四：

运用之妙，存乎一心
——谋篇有智慧

　　每一次写作文，都像画家在创作自己的美术作品，也像建筑师在设计一座建筑物，挥毫着墨或精美构图之前，都必须要有一个合理的总体构想，做到全局在胸，这就是谋篇布局。谋篇布局的关键是树立一种"通盘考虑"的结构意识，主要是解决"言之有序"的问题。一般情况下，精心地布局谋篇与自己的写作特色联系是非常紧密的。例如，善于写作散文，可以采用"回环往复"的方法，以一个与文章主题密切相关的句子作为基本结构素材，然后采用相似句型或段落进行不断反复，形成全文的主体框架。对于适合以叙事为主的作文，可以用一条线索贯穿相对复杂、繁多的若干情节，使之浑然一体。这个线索可以是人，可以是事、可以是物，还可以是时间的推移、地点的转换、人物情感的变化等等。总之，合理安排结构的方法比较灵活，但一定要注意重点突出、中心明确，要把最能体现中心思想的材料作为重点来写，把那些只是起辅助作用的材料处理得简略一些。

要求直通车

一、协调完整

一篇作文的整体构思对其布局谋篇起着很重要的作用,决定着素材内部之间合理的逻辑关联,是构思与表达和谐统一的外显。汉高祖刘邦曾赞张良:"运筹策帷帐之中,决胜于千里之外。"军事中的运筹帷幄,就是事先对整体战争进行布局指挥。这就像写作中的布局和谋篇,是在给作文搭框架。文章若没有框架,素材便没有依附,文就不能成章。安排好构成文章的每一个局部,能够有效避免想到哪儿写到哪儿的松散现象,而有利于表现出浑然一体的整体美。

协调完整的布局谋篇,首先要考虑确定材料的主次和详略。详写,就是把与中心思想关系大的材料写得详尽、具体;略写,就是把与中心思想关系不太大的材料写得概括、简略。布局详略得当,就能使文章中心明确、重点突出、结构紧凑。详略不当,势必会造成文章主次不明、中心把握不准确。例如,在《故乡》一文中,应该说鲁迅回到故乡的见闻有很多,可以写作的人和事也有很多,但作品只选取了闰土和杨二嫂两个人物进行详细塑造,显然是切合了主题的需要:在闰土和杨二嫂身上所反映出来的巨大变化,正好反映了辛亥革命后中国农村民不聊生、农民生活日趋贫困的现实。继续分析主题,"回乡"的经历也正是"寻儿时美好的梦想"的过程,这就不难理解在闰土和杨二嫂两个人物之间,作者所做出的详略安排:闰土的形象塑造更为详细,特别是对中年闰土的面貌、衣着、语言和动作的细致描写,对闰土所遭受的种种苦难和不幸的详尽诉说,都是由 "揭示封建传统观念对劳苦大众的精神束缚和人与人之间的冷漠与隔膜;表达作者对当时社会现实的强烈不满和改造旧社会、创造新生活的强烈愿望。"这一主题思想决定的。

协调、完整的整体布局与谋篇,相当于行文之前的列提纲,所列提纲无论是写在草稿纸上,还是在心中打腹稿,都建议采取"两步走"的思维方法:

第一步,确定作文主题和具体选材;

第二步,给素材划分阶段,确定思路的起承转合。

二、畅通严密

在写作过程中,我们常常有觉得自己写乱了、写不下去了的时候。回看自己的作文,有时也会感到思路混乱不清,内容有头无尾、有前无后、颠前倒后。这都说明构思缺乏畅通和严密,那么怎样才能做到畅通和严密呢? 这就需要我们在谋篇布局时,保持句子与句子之间语意上的连贯,前后呼应,层层铺垫。例如,《智取生辰纲》中的藤条、椰瓢,刚出现时看似是无关紧要,其实对情节发展有很重要的作用。这样的呼应、铺垫,成功架起了思考与表述之间有逻辑、连续性的桥梁,使文章一气呵成。

畅通、严密的结构安排,特别要注意充分发挥"过渡段"或"过渡句"的作用:在上下文之间的桥梁衔接或接洽自然。"过渡"是文章内容转换的一种重要手段,也是段落与段落、层次与层次之间衔接的一种常见形式。"过渡"既可以使行文自然、语气连贯、脉络清晰、结构严谨。也有助于对主题思想自然流畅的表达。如果一篇文章的某些段落之间,需要过渡而没有过渡,或过渡生硬,都会影响文章的表达效果。

从适用范围上看,一般情况下的"过渡"安排,需要考虑以下几种情况:

第一,由总述转为分述,或由分述转为总述,需要过渡。

第二,由一个问题的陈述转为另一个问题的陈述,需要过渡。

第三,从叙述一件事情,转到叙述另一件事情,需要过渡。

第四,由某种表达方式转为另一种表达方式,需要过渡。

第五,由某种写法转为另一种写法,需要过渡。

第六,由某种写作顺序转为另一种写作顺序,需要过渡。

第七,由某个地点转为另一个地点,需要过渡。

例1.《藤野先生》一文"到别的地方去看看,如何呢?"这一个看似简单的问句,是以场景的转换,表现出行文之间的过渡,从而引出下文去仙台学医,又遇到藤野先生的这一段经历,上下文之间衔接自然、紧凑。

例2.《从百草园到三味书屋》一文"长的草里是不去的,因为相传这园里有一条很大的赤练蛇。"由相传园里有一条很大的赤练蛇,引出"美女蛇"的故事,过渡巧妙自然。

例3.《孔乙己》一文"孔乙己是这样的使人快活,可是没有他,别人也便这么过。"前半句总结上文,后半句引起下文。一方面深刻说明孔乙己可有可无、可笑可怜、无足轻重的地位,再次显示他的寂寞与悲哀;另一方面也反映了人们的冷漠、麻木,对别人毫不关心、毫不同情。

例4."爸爸病倒了,他住在医院里不能来。""啊!这样的早晨,一年年都过去了,今天是我最后一天在这学校里啦!""做大人,常常有人要我做大人。"上面这三句话选自《爸爸的花儿落了》,第一句:既回答了上文读者心中的疑问,又引起了下文。第二句:由回忆过渡到典礼现场。第三句:由眼前的典礼过渡到对往事的回忆。过渡自然,行文流畅。

三、顺序合理

选材的合理布局,首先体现在"讲究顺序"的安排上。例如,先写什么,再写什么,最后还要写什么;再如,行文中如何处理设悬与解悬之间的逻辑,怎样把握整个选材各部分之间的内在关联,等等。例如,如果写记叙文,顺序一般可分顺叙、倒叙、插叙三种。其中顺叙是最常用、最基本的方法,以《故乡》为例,鲁迅先生以回故乡、在故乡、离故乡的自然顺序安排的。顺叙的安排,可以依循事件发生、发展、变化等过程中的"自然时空顺序",一般包括时间的先后、空间或地点的转换和事件发展的过程。合理的顺序安排,它的层次、段落和事物发生、发展的过程应该保持基本的一致。再如,写记叙文时,倒叙也是很常用的一种记叙顺序。其具体安排是,根据表达的需要,把事件的结局或某个最突出的片断提到前边叙述,然后再交代文章的主体,即:事件的起因和经过。还有一种常见的情况,就是把事件中间最精彩的高潮部分提到最前面来写,然后再转入顺叙,交待清楚前因,与中间部分衔接后再进行后叙。需要提醒注意的是,不管采用哪一种顺序,写作时都要注意详略,突出重点,写出波折,避免平铺直叙而成"流水账"。

四、层次清楚

写作文时,划分段落要根据中心的需要和内容的多少而定。合理分段的作用主要体现在四个方面:有清晰地层次、有鲜明的节奏、有详略的重点、有充分的情感。划分段落,既要注意一个段落说明一层意思,又要避免划分得太细碎。

怎样安排文章的层次呢? 强化落笔前的整体构思是关键。例如,记叙文写作,可以根据素材特点和题目要求,首先确定布局谋篇的整体方法,有的适合一波三折,有的适合设置悬念,有的适合安排巧合,有的适合欲扬先抑;有的适合并列结构,有的适合递进发展,有的适合总分布局,有的适合分总安排,等等。这样就可以根据情节、内容的具体特点,来指导自己进行段落层次的划分。

五、形式灵活

"文无定法"充分说明了作文学习的独特性:就像世界上没有一模一样的两片树叶一样,作文构思也无法出现一模一样的效果。写作的过程是独立创作的过程,也是独特创作的结果。为此,作文的表现形式应该是灵活多样的,我们学过的课文为我们的写作练习提供了丰富的写作范例。

1.一线串珠

作文构思时,如果能设计一条贯穿全文的线索,把众多素材一线贯穿,有序连成篇章,能有效强化全文整体框架严密性的效果。常见的线索有多种形式:

(1)以时空为线索。就是按照事件发生时间的先后和空间转移次序,或以时间、空间交错转换作为线索。例如,《故宫博物院》移步换景,以空间地点的变化串联全篇。再如,朱德《回忆我的母亲》一文中有许多表示时间的词语:"从我能记忆时起""到四五岁时""到八九岁时""1895 年""1900 年""1908 年""1909 年""1919 年",等等,随着时间的推移,表现母亲优秀品德的许多事情,便一桩桩地展现在读者面前,由此可知本文是以时间为线索组织安排材料的。

(2)以感情变化为线索。就是按照事件发展的因果关系安排线索,以作者对人物事件的情感走向或认识发展为线索来组织叙述、写人、记事。《我的叔叔于勒》是以人物态度的变化来贯穿全文。再如,《白杨礼赞》以"我赞美白杨树""实在是不平凡的一种树"等语句,在文章中反复出现了四五次。据此可知,作者从树写到人,那赞颂的感情一层深似一层,一浪高过一浪,由蕴蓄到喷涌,就是靠"赞美白杨树的不平凡"这一线索串连成了一个感人的艺术整体。

（3）以具体事物为线索。就是以某物来形成贯穿全文的一条线索，突显这一事物在事件或情感中的重要性，具有凝聚升华的表达效果，简单说就是能够有突出主题的作用。例如，《羚羊木雕》是以某一物品一线串珠；《背影》是以主要人物的某一个侧面来突破主人公情感的自由流淌。

2.横纵组接

对于作文时的多个素材，很多时候可以采用的素材不是单一的，而是多个。这时，可以通过合理的组接方法来结构全文。主要有两种组合方式：如果几个材料之间主要表现出并列关系，建议采用横向组接；如果几个材料之间有比较典型的时间发展的关联或是逻辑渐进的关联，建议采用纵向组接。

"横纵组接"是一种作文构思时比较容易操作而又行之有效的布局方法，具有简洁明了、条理清晰、重点突出等特点。例如，写作《我的好朋友》，可以横向组接表现他乐于助人品质的二三件素材，也可以纵向组接促进我们俩人友情越来越深厚的两三个素材。

"横纵组接"的表现形式比较灵活多样，"小标题"统领、日记缀连、镜头剪辑等都是比较常见的方法。灵活选用"横纵组接"的方法，有利于集中而快捷地捕捉生活中异彩纷呈的动人画面，更加突出题材的典型性、形象性，尽显作者对于生活中各类问题的充分思考与深刻理解。

3.悬念设疑

"悬念设疑"也就是以问题为导引，一般是在文章的开头或中间设置一个悬念，激发读者欲知后文结果的阅读意识。悬念设置得越好，就越能吸引读者始终保持一种关切的态度读下去，这样的写作效果就是引人入胜的。例如，《事物的正确答案不止一个》是以"事物的正确答案为什么不止一个"这一悬念，来布局全文结构，并在解疑过程中提出有关创造力的问题。可见,在作文时设置悬念可以吸引读者,牢牢抓住读者的心;可以有效避免平铺直叙,使文章波澜起伏,增强生动性和曲折性。

4.行文照应

"行文照应"主要是指文章中出现在首尾、前后等不同位置的有关内容,内部之间存在的相互回应关系。主要有三种表现形式:

(1)文题照应。主要是指文章或全篇或部分与标题之间的照应。题目常常被人们称为文章之眼,文章内容要紧紧围绕题目所涉及的人、事、景、物、情、理进行叙写、辨析、抒情。题目与正文照应,是切题准确的一种反映。

(2)首尾照应。主要是指文章的开头和结尾互相呼应。一篇文章的精妙之处往往在于开头和结尾。开头交代起因,结尾告知结果;开头提出问题,结尾剖析答案;开头抒发情怀,结尾这里总结,等等。这些都是首尾呼应的具体表现。

(3)前后照应。主要是指行文中上下文之间的互相呼唤和照应。前后照应可以使前后内容的联系变得更加紧密,行文更显自然,结构越加严谨,脉络尽显畅通。

例如,朱自清的《背影》,开头写"我与父亲不相见已两年多了,我最不能忘记的是他的背影。"结尾写道:"在晶莹的泪光中,又看见那肥胖的、青布棉袍黑布马褂的背影。唉! 我不知何时再能与他相见!"首尾的呼应,既概括了全文,在结构上又给人以整体感。再深入分析,作者在开头、文中、结尾,四次写到背影,就是四次呼应文章题目,也体现了行文中内容上的彼此呼应,很显然这样的构思,进一步突出了文章结构的严谨、完整。总之,布局谋篇时"前后照应"的精心设计,有助于促进文章结构更加缜密、浑然一体,形成有机统一的整体。

5. 抑扬顺势

"抑扬顺势"中的"扬"指的是褒扬;"抑"则含有贬低的意思。"抑扬顺势"的谋篇布局主要有两种情况:先抑后扬、先扬后抑。具体采用哪一种,需要根据自己的写作目的而顺势安排。例如,茨威格《列夫·托尔斯泰》一文,作者在开篇通过"面部、表情、长相、身材"等内容来表现列夫·托尔斯泰的面貌平庸,突出他是俄国人民大众的普通一员。后来又通过写他目光犀利、感情丰富,来突出他丰富的精神世界。这就是采用了先抑后扬的写法,反衬出托尔斯泰灵魂的高贵,字里行间渗透着作者对托尔斯泰的崇敬和赞美之情。

行文在抑扬之间的灵活调动,有助于体现人物复杂的内心变化和情节的波澜起伏,有利于读者在阅读过程中产生恍然大悟的感觉,留下比较深刻的印象。例如,在《阿长与〈山海经〉》中,鲁迅先生对阿长的感情就处理得扬扬抑抑、抑抑扬扬,把自己对阿长这位劳动妇女真诚的惦念、深情的怀念表达得淋漓尽致。

关于抑扬顺势的写法,还应该注意的是,在写作文过程中,对"抑""扬"的具体理解可以更加宽泛一些,无须把"抑"单纯理解为"批评""讽刺",也无须把"扬"单纯理解为"表扬""赞美"。在具体的作文中,感情变化、行为异同、表里反差等,都是可以用来作为抑扬安排的依据。

他山之石

我体会,我收获

听雨打窗棂,倾听流淌的旋律,心灵因静谧而收获快乐;看夕日欲颓,感受晚霞的绚丽,心灵因慨叹壮丽而收获美好;观腊梅盛放,心灵因感受芬芳而收获喜悦。成长路上的酸甜苦辣,每一种滋味都值得我细细体会,发现蕴含其中的深意而有所收获……

时光像指尖的流沙,在不经意间悄然而逝。思绪飘回到那次难忘的班会。那日,阳光从梨树枝间投射下来,斑驳了教室的每一个角落。坐在暖融融的教室里,我的心中漾满快乐。还记得九年级第一次班会,老师组织大家以小组为单位展开想象,鼓励我们用手中的粉笔在黑板上描画出自己十年后的场景。同学们拿着粉笔围在黑板报周围,你一笔我一笔地勾画着,河流、研究室、医院、火箭发射基地……大家热烈地畅谈着我们的未来。看着每一张神往的笑脸,感受着同学们对理想的憧憬与追求,也体会到了老师组织这个活动的用意所在。永远记得班主任老师语重心长的话语:"同学们今天乐在其中,自然也知道美好的未来最终是属于笑到最后的人!"看着老师那充满期望的目光,细细品味老师的教诲,我深刻地体会到:坚持自己的目标而不懈努力,才能让脚下的路走得更加踏实,才能在充满希望的路上快乐远行。

时光之轮再次碾过一个学期,转眼间已经进入毕业的离别。紧锣密鼓的学习永远赶不上时光飞逝的节奏,放学后在操场放飞困倦的心灵,体会着努力的辛苦,也有着收获的满足。体考在即,操场上铺满落日余晖,同学们常常驰骋在跑道上,蓄势待发,加油助威。我望向那遥望不可及的跑道,心中塞满对未知的沮丧与迷茫。突然,一只温暖的手掌搭上我的肩膀,回过头一看竟是班主任老师那张和蔼的脸庞。微微清风将老师的话语送入耳畔:"别担心,坚持就是胜利,你一定行。"从此,每一天大课间,我都能在老师的伴跑中体会到她真诚的鼓励,让我在一份拼搏与幸福中冲刺终点。考试那天,最后 100 米,我已经累得喘不上气,刚一放慢脚步,耳畔就传来老师的呐喊:"坚持,别放弃!坚持,别放弃!"我侧头,一眼就看见老师站在跑道边上,那鼓励的眼神就像一股力量注入我的内心,咬牙、加速、冲刺……当我冲过终点线,内心的快乐满得仿佛要溢出来。是啊,成长中有很多时候都要直面困难,都要在挑战中打败困难,才能体会到拼搏所带来的收获是多么珍贵。感谢老师,陪伴我在人生的跑道上,用勤奋的汗水收获着一个又一个胜利的快乐!

削铁如泥的利剑,只有反复捶打才能尽显锋利;散发清香的腊梅,只有历经寒风中才能傲视风雪。人生亦是如此,欲攀顶峰,必承其苦,体会其中艰辛百味的旅程,也是成长中一份独具韵味的收获!

【评语推荐】

本文充分调用视觉、听觉来表现丰富的内心感悟,传达自己在成长中的收获。全文构思合理、结构完整紧凑,从九年级伊始到毕业前夕的中考体测,首尾呼应、衔接连贯、过渡自然,行文层次、条理清楚。全文记录了班主任老师对学生未来的殷切期望,也记录了对自己的帮助和鼓励,从集体到个体,一气呵成,蕴藏着成长的收获、对师恩的感激,真挚感人,中心明确。应该看到,这篇文章的作者就是善于通过回忆学习生活的点点滴滴,构思出了这样一篇充满柔情与力量的优美之作。其间文笔的优美展示,情感的酣畅流露,都很好地表现出作者的文化积淀。可见,要写好一篇文章,首先要学会培养自己捕捉动人生活瞬间的能力。

实践体验

【文题1】

生活中并不缺少快乐,人人都有属于自己的快乐。艺术家欣赏自己刚刚完成的作品,他的内心充满了快乐;天真的孩子在烈日的沙地里堆城堡,他的内心充满了快乐;医生连续奋战好几个小时终于救治了病人，他的内心充满了快乐；老师认真讲了一节课，看到学生练习完全正确，他的内心充满了快乐；学者经历不懈努力，终于取得重大成就，他的内心充满了快乐；勤奋的学生反复思考成功解出一道数学题，他的内心充满了快乐……快乐的形式是多种多样的，快乐的理由是无穷无尽的，快乐的真谛是值得深思的。请以"快乐"为题目，写一篇作文。要求：内容具体，有真情实感；文体不限(诗歌、戏剧除外)；字数不少于600字；文中请回避与你相关的人名、地名、校名。

【立意分析】_____

_____

_____

_____

_____

_____

【文题2】

在我们成长的路上，师长的关爱拨动了我们的心弦，生活的波澜触发了我们的感慨，大自然美丽的风光带给了我们美的享受……这些美好的感受都是伴随我们茁壮成长，一路前行的力量。请以"成长的力量"为题目，写一篇文章。要求：内容具体，有真情实感；文体不限(诗歌、戏剧除外)；字数不少于600字；文中请回避与你相关的人名、地名、校名。

【立意分析】_____

_____

_____

_____

_____

【文题3】

捧读一本心爱的书,它告诉我们生活中有着丰富的知识、深厚的情感,也告诉我们生活中蕴含着深刻的哲理……请以"读书让我知道了_____"为题写一篇作文。要求:把题目补充完整,内容具体,有真情实感;文体不限(诗歌、戏剧除外);字数不少于600字;文中请回避与你相关的人名、地名、校名。

【立意分析】

_____

_____

_____

_____

_____

_____

话题五：

缀玉联珠，落笔雅妙处

——语言需加工

要求直通车

语言是一篇文章的载体，无论是文章的主题还是作者的情感，都是需要依靠语言来加以表达的。中国古代学者颜之推言："文章当以理智为心胸，气调为筋骨，事义为皮肤，华丽为衣冕。"作文的语言就像一件衣服，或式样朴实或华丽考究，或花色清雅或雍容富贵，或色调简洁或装饰斑斓，但一定都是精心打扮的成果。文章写作表达效果的好坏很大程度上取决于语言表达的优劣。一篇优秀的文章，首先是每句话都说得明白，全文重点也讲得很突出，而且语言风格一定是能给读者带来一种亲切、自然的感觉，一定是鲜活，富有表现力的。而语言表达能力的形成与提高，绝不是一朝一夕的事情，是需要在不断的加工锤炼中，逐步做到生动形象，有感染力。

一、文从字顺

"文从字顺"是写作对书面表达的基本要求。它反映了作者熟练、规范地使用文字的基本能力。写作文若想做到"文从字顺",就要在日常注重能培养自己良好的语感,即对语言敏锐的感觉。它是在长期的语言实践中经过听、说、读、写的反复练习而逐渐形成的。所以,一篇作文的"文从字顺"主要有两种表达效果:一方面是词语使用的恰当,用词能清晰地表现出作者心里的所想、所感,使读者阅读后恰好能和作者产生共同的理解共鸣;一方面是句与句之间的通达顺畅、井然有序、一脉贯通,能流畅地表达出作者的思想感情,没有任何歧义含糊、颠倒错乱。具体要求有以下几个:

1. 准确

作文语言的准确表达,一定要注意不说"歧义"的词语或句子。例如,我走进学校的大门,看见一边站着一位正在执勤的同学,他们正在和进校的老师、同学问好。请思考:"一边站着一位正在执勤的同学"所表达的意思是"校门的某一侧站着一位执勤的同学"还是"校门的左右两侧分别站着一位执勤的同学"? 如果是一位同学又怎么能说"他们正在和进校的老师、同学问好"? 这样的表达显然是语义不清楚的,在写作文时一定要避免。

作文语言的准确表达,要交代清楚具体的语言环境。例如,"高傲"的意思是:自以为了不起,看不起别人;极其骄傲。表面理解这个词语的意思略含贬义,但是如果放在具体的语言环境里,就会有不一样的理解。"面对敌人的严刑拷打,他始终高傲地仰着头,他是我心目中的英雄!"再如,"大方"这个词,有时表示"花钱不吝惜",有时表示"看上去很耐看",如果仅仅表达为"他是一个很大方的人",语义就是不明确的,而如果加上具体的语言环境,语言表达就清晰准确了。"在家庭理财方面,她是一个慷慨大方的人;在穿衣风格方面,她又很大方得体。"

2. 简洁

"简洁"是文章语言的基础性要求,也是文章语言的最高境界:就是要用最少而又最清晰的文字,表达出最丰富的内容,最大程度地表现出语言感染的效应。作文语言力争简洁,就是要做到"句中无余字","篇中无余句",简洁是一种美的表现,是一种由内而外散发出来的清爽、明晰而精致的美。例如,请对比这两个句子:"他拿着校服,他回去告别同学和老师,他说,他明天开始就转学回家乡读书了。""他拿着校服,回去告别同学和老师,说:'明天开始就转学回家乡读书了。'"很显然,第二个句子的表达更加简洁、清晰。再看一组句子:"我的同桌是一个留着齐眉的刘海儿,长着一双大眼睛,高高的鼻梁,小小的嘴巴,很白净而且非常瘦的女孩儿。""我的同桌,一个留着齐眉的刘海儿、大眼睛、高鼻梁、小嘴、白净、很瘦的女孩儿。"很显然,第二个句子的表达是简洁、明快的。

简洁的语言可以采用省略句式、运用关联词语、高度概括等表达的方法。简洁的表达,其实是对语言表达的一种高标准要求,是在锤炼词句的基础上所追求的一种简约之美,具有概括性却又不失优美、耐人寻味的效果。

3. 顺畅

"顺畅"的语言,主要是指表达符合生活习惯,符合生活逻辑。例如,人们一般会说"载歌载舞",而不会说"载舞载歌",读起来不顺,听起来也不舒服。"顺畅"的语言表达,大多来自于日常生活的语感积累。培养读书习惯是形成良好语感的有效方法,对于朱自清《春》、宗璞《紫藤萝瀑布》、高尔基《海燕》等一些优秀的文章,最好能熟读成诵,进而就能化为自己的语言习惯。

在作文完篇后，还要注意检查的环节，大声朗读，看看有没有表达不顺的句子，默读分析重点句子是否合乎语法"主谓宾"搭配合理的要求。"顺畅"的表达，还包括书写的干净整洁、标点的正确使用，等等。试想：如果错字别字连连、标点随意，读起来怎么会有文从字顺的效果？

二、连贯得体

"连贯"指的是句子表达，句与句之间连接得自然而且恰当。这就需要在表达时注意句与句的排列组合，注意上下句之间的逻辑关联，做到话题统一、语序合理。连贯的语言表达，一般体现出四个特点：句式统一、主语统一、时空统一、逻辑统一。

【习作片段节选】

这盛开在岩石上的小黄花是我最喜爱的，它从石缝中开出花，是生命力的象征，是巨浪播下的种。

【解析】

这一段文字读起来虽然比较流畅，但其句子内部的逻辑顺序并不合理，如果改为"这盛开在岩石上的小黄花是我最喜爱的，它是巨浪播下的种，从石缝中开出花，是生命力的象征。"就连贯顺畅了。

"得体"的语言表达，主要是符合语言环境的需要，具体包括三点：符合说话者及听话者的身份，符合表达的特定场合、特定目的，注意说话的分寸感。例如，小明对邻居张爷爷说："您老今年几岁呀?这么大年纪武剑技术却不低呀! 我们班演话剧，把您的宝剑拿给我用，明天我再拿回来。"显然，"您老今年几岁呀?这么大年纪武剑技术却不低呀！"这样的语气不符合一位学生对老人说话时应该遵循的语气。"我们班演话剧，把您的宝剑拿给我用，明天我再拿回来。"这样的表达又不符合"借东西"的语境特点。如果改为"您老今年高寿呀?这么大年纪武剑技术也很高超呀！我们班演话剧，想借您的宝剑用用,明天我再拿回来还给您,谢谢您！"这样的表达即是得体的。

【习作片段节选】

站在电视屏幕前，看着检阅部队里一位位高大魁梧的解放军战士,像一杆杆标枪直挺挺地立在那里,我的鼻头不禁泛酸,眼眶润润的。我不禁感慨万千:这就是中国军人的硬气质,这就是中国人在世界面前表现出来的豪气,象征着中国的强大国力,向世界宣告着我们科技的先进,宣告着我们热爱和平的美好愿望！

【解析】

这一段文字读起来连贯得体，它简明而又充满情怀地阐明了自己对观看阅兵式的认知与感悟。内容切合题意,行文流畅而感情充沛,表达出了作者在"观看阅兵式"这个特定的环境里,内心的自豪之情。语段中的用词积极昂扬、情绪饱满真诚,读来很有感召力。

三、生动优美

托尔斯泰曾说:"把自己体验到的感情传达给别人，而使别人为这感情所感染,也体验到这些感情。"如果一篇作文语言生动,行文优美,读来就会让人产生醋饮美酒,久而弥笃的感觉。我们需要注意的是:生动形象的语言不仅表现于词、句的华丽,还是指那种"清水出芙蓉,天然去雕饰"的内在韵味。那么怎样才能使自己文章的语言生动优美、有文采呢？"读写结合,加强积累"是比较直接、也比较直观的一个好办法。

1.善于观察,体现变化

【例文片段】

最妙的是下点小雪呀。看吧,山上的矮松越发的青黑,树尖上顶着一髻儿白花,好像日本看护妇。山尖全白了,给蓝天镶上一道银边。山坡上,有的地方雪厚点,有的地方草色还露着,这样,一道儿白,一道儿暗黄,给山们穿上一件带水纹的花衣;看着看着,这件花衣好像被风儿吹动,叫你希望看见一点更美的山的肌肤。等到快日落的时候,微黄的阳光斜射在山腰上,那点薄雪好像忽然害了羞,微微露出点粉色。就是下小雪吧,济南是受不住大雪的,那些小山太秀气!

【解析】

这段节选自老舍《济南的冬天》中的文字,通过作者细致入微的观察,准确而生动地表现出"山坡上草色或白或暗黄"的特点,也表现出"快日落时"济南冬天雪景在薄厚、色彩等方面特点。可见,只有经过细腻的观察,才有可能把一个过程中的若干变化表现得如此淋漓尽致,生动的文字跃然笔端还有何难呢?

【例文片段】

我看见他戴着黑布小帽,穿着黑布大马褂,深青布棉袍,蹒跚地走到铁道边,慢慢探身下去,尚不大难。可是他穿过铁道,要爬上那边月台,就不容易了。他用两手攀着上面,两脚再向上缩;他肥胖的身子向左微倾,显出努力的样子,这时我看见他的背影,我的泪很快地流下来了。

【解析】

这段节选自朱自清《背影》中的文字,语言风格平易白描,用词却很有特点:"走到铁道边""探身下去""穿过铁道""用两手攀着上面""两脚再向上缩""肥胖的身子向左微倾"等一连串的动作描写,就像影视剧中放大镜的连续呈现,增强了语言表现力的画面感,也增强了文章感人至深的表达效果。

【例文片段】

我父亲突然间好像不安起来;他向旁边走了几步,瞪着眼看着挤在卖牡蛎的身边的女儿女婿，就赶紧向我们走了回来。他的脸色十分苍白，两只眼也跟寻常不一样。他低声对我母亲说："真奇怪！这个卖牡蛎的怎么这样像于勒！"

……

我父亲脸色煞白，两眼呆直，哑着嗓子说："啊！啊！原来如此……如此……我早就看出来了！……谢谢您，船长。"

……

他回到我母亲身旁，是那么神色张皇……

【解析】

这段节选自法国作家莫泊桑短篇小说《我的叔叔于勒》中的文字，成功地在动态中对菲利普先生进行了肖像描写。随着情节的发展，"不安起来""脸色似乎十分苍白""脸色煞白""两眼呆直""神色是那么张皇"，人物的神态随着情节的发展而不断发生着变化，既体现了菲利普先生的狼狈相，又充分暴露了他虚伪可鄙的嘴脸。

【例文片段】

"这儿到底出了什么事？"奥楚蔑洛夫挤到人群中去，问道。"你在这儿干什么？你究竟为什么举着那个手指头？……谁在嚷？"

……

"嗯！不错……"奥楚蔑洛夫严厉地说，咳了一声，拧起眉毛。"不错……这是谁家的狗？我绝不轻易放过这件事！我要拿点颜色出来给那些放出狗来到处乱跑的人看看！那些老爷既然不愿意遵守法令，现在就得管管他们。等到他，那个混蛋，受了罚，拿出钱来，他才会知道放出这种狗来，放出这种野畜生来，会有什么下场。我要好好地教训他一顿！叶尔德林，"警官对巡警说，"去调查一下，这是谁的狗，打个报告上来！这条狗呢，把它弄死好了。马上去办，别拖！这多半是条疯狗……请问，这到底是谁家的狗？"

"这好像是席加洛夫将军家的！"人群里有人说。

"席加洛夫将军？哦！……叶尔德林，帮我把大衣脱下来……真要命，天这么热，看样子多半要下雨了……只是有一件事我不懂：它怎么会咬你的？"奥楚蔑洛夫对赫留金说，"难道它够得着你的手指头？它是那么小；你呢，却长得这么魁梧！你那手指头一定是给小钉子弄破的，后来却异想天开，想得到一笔什么赔偿费了。你这种人啊……是出了名的！我可知道你们这些鬼东西是什么玩意儿！"

……

"不对，这不是将军家里的狗……"巡警深思地说，"将军家里没有这样的狗。他家的狗，全是大猎狗。……"

……

"我也知道。将军家里都是些名贵、纯种的狗；这条狗呢，鬼才知道是什么玩意儿！毛色既不好，模样也不中看，完全是下贱胚子。……居然有人养这种狗！这人的脑子上哪儿去了？要是这样的狗在彼得堡或者莫斯科让人碰见，你们猜猜看，结果会怎样？那儿的人可才不管什么法律不法律，一转眼的工夫就叫它断了气！你呢，赫留金，受了害，我们绝不能不管。……得好好教训他们一下！是时候了。"

……

【解析】

这段节选自俄国作家契诃夫《变色龙》中的一段文字，生动地表现出奥楚蔑洛夫的性格特征：对上谄媚，对下欺压。但他还要装出一副公允的面孔，想要表现出自己是一身正气，反而丑态百出，令人嘲讽。作者通过描写奥楚蔑洛夫对狗、对人态度的快速转变，彻底剥下他的假面具，并进行了无情的鞭挞。综观全文，奥楚蔑洛夫在短短的几分钟内,经历了五次变化。表现出他见风使舵,阿谀奉承的基本特征。

2.讲究句式,增强韵律

【例文片段】

天上风筝渐渐多了,地上孩子也多了。城里乡下,家家户户,老老小小,也赶趟儿似的,一个个都出来了。舒活舒活筋骨,抖擞抖擞精神,各做各的一份事去。"一年之计在于春",刚起头儿,有的是工夫,有的是希望。

【解析】

这段文字都节选自朱自清散文《春》,句式对称,短句联排,借用了反复句式又增加了一点变化感,读起来富有节奏感和韵律美。"一年之计在于春"这句引用,通俗浅显,却表现出一种朴素的说服力,读来令人信服,充满对生活的启迪。

【例文片段】

好一个安塞腰鼓!

百十个腰鼓发出的沉重响声, 碰撞在四野长着酸枣树的山崖上,山崖蓦然变成牛皮鼓面了,只听见隆隆,隆隆,隆隆。

百十个腰鼓发出的沉重响声,碰撞在观众的心上,观众的心也蓦然变成牛皮鼓面了,也是隆隆,隆隆,隆隆。

……

好一个安塞腰鼓!

后生们的胳膊、腿、全身,有力地搏击着,疾速地搏击着,大起大落地搏击着。它震撼着你,烧灼着你,威逼着你。它使你从来没有如此鲜明地感受到生命的存在、活跃和强盛。它使你惊异于那农民衣着包裹着的躯体,那消化着红豆角老南瓜的躯体,居然可以释放出那么奇伟磅礴的能量!

黄土高原哪,你生养了这些元气淋漓的后生;也只有你,才能承受如此惊心动魄的搏击!

好一个黄土高原! 好一个安塞腰鼓!

【解析】

写文章时,有意识地加以重复也是一种加强语言表现力的有效途径。例如,这段节选自刘成章《安塞腰鼓》中的文字,通过"好一个安塞腰鼓""百十个腰鼓发出的沉重响声""隆隆""搏击着"等语句,强化了诗化语言的节奏感,强化了文章歌颂激荡生命和磅礴力量的感染力,强化了作品慷慨昂奋、气壮山河的气势。可见,行文中语言的重复也是一种风格,一种节奏,是音响、意境、情绪的再现,与主题的表现相呼应。

3. 情怀感悟,哲理深刻

世界万物都不是孤立存在的,而是相互联系着的。例如,冬天虽然带给人的尽是冰冻寒冷,但青松翠柏方显生命本色,经得起严冬的考验,也同样带给人更多对生命力的感悟。再换一个角度思考:冬来了,春天还会远吗? 这就是希望的召唤。只有对素材加强深入分析和哲理思考,创作的思维才能一直自然流淌,于情感抒发、哲理升华中尽显语言表达的激情。

【例文片段】

我在我母亲的教训之下度过了少年时代,受了她的极大极深的影响。我14岁(其实只有12岁零两三个月)就离开她了。在这广漠的人海里独自混了二十多年,没有一个人管束过我。如果我学得了一丝一毫的好脾气,如果我学得了一点点待人接物的和气,如果我能宽恕人,体谅人——我都得感谢我的慈母。

【解析】

这段节选自胡适《我的母亲》中的文字,深刻表达出"母亲对于我成长的意义"这一主题，还直抒胸臆表达出作者对母亲的感激、热爱的真切之情。这样的语言，意蕴深长，深情款款，真可谓言尽情绵长。

【例文片段】

计程车像饥蝗拥来。"为什么这儿有一棵树呢？"一个司机喃喃。"而且是这么老这么大的树。"乘客也喃喃。在车轮扬起的滚滚黄尘里，在一片焦躁恼怒的喇叭声里，那一片清荫不再有用处。公共汽车站搬了，搬进候车亭。水果摊搬了，搬到行人能悠闲地停住的地方。幼儿园也要搬，看何处能属于孩子。只有那树屹立不动，连一片叶也不落下。那一蓬蓬叶子照旧绿，绿得很有问题。

啊，啊，树是没有脚的。树是世袭的土著，是春泥的效死者。树离根，根离土，树即毁灭。它们的传统是引颈受戮，即使是神话作家也不曾说森林逃亡。连一片叶也不逃走，无论风力多大。任凭头上已飘过十万朵云，地上叠过二十万个脚印。任凭那在枝丫间跳跃的鸟族已换了五十代子孙，任凭鸟的子孙已栖息每一座青山。当幼苗长出来，当上帝伸手施洗，上帝曾说："你绿在这里，绿着生，绿着死，死复绿。"啊！所以那树，冒死掩覆已失去的土地，作徒劳无功的贡献，在星空下仰望上帝。

【解析】

这段节选自王鼎钧《那树》中的文字，语言含蓄而有深意。作者似在表达一种思想或感受，那就是大树命运引发了他更多的感慨。作者通过描写一棵大树长年造福于人类又最终被人类伐倒的故事，含蓄地表达自己对大树命运的痛惜，以及对都市文明发展利弊、人与自然关系的深刻思考。总的说来，文章的命意表面看似很简单，其实具有一定复杂性。作者并不是反对人类文明的发展，也绝不是主张回到过去田园的生活时代。实际上作者是在表达自己辩证看待事理的态度,也就是说,他对人类文明的两面性看得很深透,作者认为人与自然应该和谐共存,人类的发展不应该以牺牲环境为代价。

4.典雅多姿,丰厚韵味

汉语句式多样,讲究典雅是一种语言风格,典雅的语言一般都会用到对偶、叠句、引用等表现手法,以增强作文语言摇曳多姿、错落有致、情感充沛、内涵丰厚等表达效果。

【例文片段】

孔子说:"知之者不如好之者,好之者不如乐之者。"人生能从自己职业中领略出趣味,生活才有价值。孔子自述生平,说道:"其为人也,发愤忘食,乐以忘忧,不知老之将至云尔。"这种生活,真算得人类理想的生活了。

【解析】

这段节选自梁启超《敬业与乐业》中的文字,连续引用孔子的名言,使文章散发出浓浓的文化气息。"腹有诗书气自华",古典诗文蕴含着丰富的文化底蕴和情感资源。恰当地引用,有利于增强典雅韵味、启人心智、升华主题、凝练语言,可以收到言有意而意无穷的表达效果。

5.善用修辞,熏陶感染

"修辞是作文的魔法",作文语言的形象性常常要依靠修辞发挥自己的"魔力"。结合具体语境选择适当的修辞,既可以增强语言的生动、风趣等表现力,又有助于道理的阐明。试想:在一篇文章中,设问、反问、比喻、拟人、夸张等修辞从笔下自然滑出,为文章读来朗朗上口、有说服力、美感、气势等方面增色。

【例文片段】

突然,客人惊奇地屏住了呼吸,只见面前的小个子那对浓似灌木丛的眉毛下面，一对灰色的眼睛射出一道黑豹似的目光，虽然每个见过托尔斯泰的人都谈过这种犀利目光，但再好的图片都没法加以反映。这道目光就像一把锃亮的钢刀刺了过来，又稳又准，击中要害。令你无法动弹，无法躲避。仿佛被催眠术控制住了，你只好乖乖地忍受这种目光的探寻，任何掩饰都抵挡不住。它像枪弹穿透了伪装的甲胄，它像金刚刀切开了玻璃。在这种入木三分的审视之下，谁都没法遮遮掩掩。

【解析】

这段节选自茨威格《列夫·托尔斯泰》中的文字，连用比喻修辞，生动形象地表现出列夫·托尔斯泰目光犀利的特点。在作文中综合运用多种修辞，一定能够收到增强文章整体感染力的效果。例如，排比句，可以增强语言一泻千里的气势之美，使语言富有节奏美，铺陈表达强烈的感情；比喻句，可以更加真切地表现出语言生动形象的特点；设问句，可以增强文章回旋思考之意味；反问句，可以创设出一种铿锵的力量；对偶句，字数相等、结构形式相同，意义对称，读来有整齐匀称、节奏感强、高度概括、易于记忆、有音乐美感等效果。

方法点拨

一、精选"细节"

细节描写可以增强作文的真实性和艺术性。作文时，如果能善于描写细节，就一定能在行文中形成精彩情节，并在丰富文章内容、推动故事发展、映衬人物心情、深化主题、抒发作者思想感情等方面有鲜明的作用。运用细节描写有三个基本要素：符合生活实际;为中心服务;新颖而忌平淡。例如:写母亲对自己的关心,如果仅仅是描写生病时母亲为自己做饭、喂药的情景,就难免有落入俗套之嫌。如果能着重描写母亲为我操劳时日渐加深的皱纹,并重点突出母亲皮肤粗糙、双手枯干,母亲对"我"无微不至的关心便产生了"此时无声胜有声"的表达效果。

细节描写可以是对一种特定情节下人物的语言、动作、外貌、神态、心理的描写,还可以表现在"景物描写"方面。例如:有一位同学在作文《学校的快乐时光》中写了一节有趣的化学课,他说"老师举起试管,同学们个个凝神屏气,突然,试管里的无色液体变蓝了,老师晃了晃,蓝色液体晶莹透明。大家都很诧异。"这是一段偏重叙述性的文字,小作者运用细节描写的方法,修改为"老师高高的举起试管,同学们个个凝神屏气,眼睛紧紧盯着试管里的变化,教室里一片寂静,甚至能分辨出大家的喘气声。也就是一眨眼的五秒钟时间,试管里的无色液体变蓝了,同学们不约而同发出'呀'的一声,蓝色液体在透明的试管里显得格外晶莹,这真是太神奇了。"这一段细节描写,一改叙述性文字的呆板,增加了文章的感染力,在气氛烘托中突显了大家对化学实验的专注与兴趣。

二、妙用"修饰"

作文中的句子如果大多都是主语、谓语和宾语组成的简单信息,即使能产生简练清晰的表达效果,也很难表现出语言的生动性而引起读者的共鸣。例如,《黑板上的记忆》一文中的作文片段"黑板上,我最难忘的是数学老师写在上面的板书,他常常在黑板左侧写例题,中间部分是方法总结,右面是巩固练习题。布局整齐漂亮,给同学留下的记忆很深刻。"在修改的过程中,运用增加"修饰语"的方法,修改为"黑板上,我最难忘的是数学老师写在上面的板书,每一个数字都像一个跳动的音符,迸发出聪敏的吸引力。他常常在黑板左侧写三道例题,中间部分用俊秀的字迹给我们进行方法总结,规律性特别典型,右面是 10 道巩固练习题,难度较高的题目还都用红笔标注出提示。布局整齐漂亮,给同学留下的记忆真是充满了逻辑性。"很显然,改后的文字在语言表达的清晰度、准确性和生动效果等方面都更胜一筹。

在使用"修饰语"的时候,虽然句子的长短可以自由组合,写作时也要考虑文章的整体效果,有时候"修饰语"过于频繁会显得啰嗦、冗长,产生一种堆砌辞藻之嫌。

三、巧现"变化"

在作文中,长句和短句、整句和散句、各种表现手法,应该灵活、交错使用,在行文的变化中营造出一种新鲜感。语言的变化性可以表现在运用比喻、拟人、对偶、排比、夸张、反复、顶针、引用、反问、设问等修辞方法上,也可以综合运用陈述、感叹、疑问、祈使等句式。例如,在《读书伴我成长》一文中,有位同学这样写"我喜欢读书,一坐在书桌前,就捧书翻阅,我喜欢朱自清的散文,也喜欢老舍的老北京风味。"这是一种叙述的表达方式,并且运用了"一""就""也"等关联词语,语言表达连贯、顺畅,又不失简约之美。运用"句式变化"的方法,这个语段修改为"我喜欢读书,每天晚上一坐在书桌前,就喜欢捧着一本书在灯光下随意翻阅。我曾伴着朱自清的墨迹,和他一起观赏荷塘月色;我曾伴着老舍笔下的文字,和他一起游览冬天的济南。"修改后,既保留了关联词语连贯、顺畅的特点,还综合运用了叙述、描写等表达方式,并运用反复修辞,把同样的材料处理得生动、活泼。很显然,富于变化的语言表达可以实现与读者更加丰富、更有个性、更富有思想和情感的交流。

　　行文中的变化，除了表现在句式方面，还可以运用在段落之间。例如，如果第一段运用了排比修辞，第二段就可用拟人，最后一段还可以连用比喻、拟人、排比等多种修辞方法。再如，文章前一部分是按照时间发展顺序来写，后一部分就可改用插叙。由此看来，在行文中综合运用多种写法，既可以克服作文语言单调的毛病，又能增强语言表达的文采性。

他山之石

温暖，在心中荡漾

　　三月的春风，带着飘飞的柳絮拂过面颊，那感觉是温暖的；映着阳光的露水轻沾指尖，那感觉也是温暖的；携着淡淡的花香沁入心脾，那感觉还是温暖的。一个春日的午后，一缕阳光穿过树叶的罅隙落满书案，泼洒在相片上一老一小笑意盈盈的脸上。记忆的精灵瞬间炫舞起曼妙的舞姿，尘封已久的温暖在心中荡漾开来……

　　那是八年级深秋的一个周末，姥姥翻阅着着手中各式的毛衣样本，目光像注视着熟睡的婴儿般慈祥。大约有一节课的功夫，她笑眯眯地转过头和我絮叨："电视里总说今年冬天会是特别冷的一年，给你织件毛衣预备着。"看着姥姥笑意盈盈的脸，我小鸡啄米似的点头。姥姥赶紧拿出皮尺，在我身上认真地比划着，还拿笔记下肩宽、腰围、身长，那精细的样子仿佛是要做一件大工程。虽然我被姥姥折腾得一会儿站直身子，一会儿伸长胳膊，但是我的心里却漾满了温暖的情怀。我知道在姥姥忙碌的动作里盛满了对我无私的疼爱，就像一株树，即使季节轮回也固守家园，甘愿撑起一片绿荫给树下筑巢的小雀。

接下来每天晚饭后,姥姥都会专注地坐在沙发上织毛衣。线团在外婆的手里,越来越小,换了一团又一团,毛衣的轮廓也越来越完整。又是一个周末的深夜,客厅透着柔和的灯光,我推开房门,一缕皎洁的月光从窗棂间斜射进来,照耀在姥姥弓着的脊背上,画面是那样静谧而和谐。姥姥坐在沙发上,右手拿着毛衣针针,动作快得无法形容,就像在演杂技。她抬头看了看我,慢悠悠地解释:"天气预报说明早有寒流,赶赶手今晚就能织好了。"眼泪一下子冲进我的眼眶,看着姥姥反反复复的动作,温暖瞬间就在我的心中荡漾开来。这是姥姥用细细密密爱的针脚,编织着对我最深厚的疼爱。这每一针一线,疲惫了外婆的眼睛,灰白了她的双鬓,蹉跎了她的脊梁。柔和的灯光下,姥姥专注的眼神,慈祥的笑容,双手温柔地抚弄着针线,这景象一下子深深刻印在我的记忆了。第二天早晨,我如约穿上新毛衣,走在上学的路上,阵阵寒风吹来,而我却丝毫没有寒意。这哪里只是一件普通的手织毛衣,这分明是一份包裹着浓浓爱意的幸福,温暖,始终在我的心中荡漾着。

时光如沙漏簌簌流逝,转眼就是九年级寒假。一个深夜,月亮高高地挂在枝头,月光悄悄探进窗子,我依然穿着那件温暖的毛衣,在书桌前奋笔疾书写着作文《最亲的人》。忽然顿笔,有多久未给姥姥端一杯茶,又有多久未与姥姥坐下聊聊天,我又该为姥姥做些什么呢?我蹑手蹑脚地走到厨房,把能找到的小米、大米、银耳、红豆、莲子等等,一样样精心地洗好,放进锅里。打开电磁炉,开始静候爱心粥的清香。不一会儿,我就沉浸在香气四溢的世界里,殊不知身后已多了一道深情的目光。我为姥姥盛上一碗香甜软糯的粥。月光浓浓,漫上姥姥的眉梢,那慈祥的目光饱含满满的爱意;漫上姥姥的嘴角,微扬着丝缕温暖;漫上姥姥的双手,倾注了浓情厚意。亲爱的姥姥,我多想把对您的爱叠进一只纸船,流进月色里微微荡漾,晕染开丝丝缕缕的温暖,荡漾在成长的岁月里……

温暖是什么?我常常自问。温暖是飘飘洒洒的春雨滋润在心田;温暖是挂在脸上的笑影书写出的彼此信任,温暖更像是我和姥姥之间这条充满爱的心河,荡漾着关心、期盼、奉献、祝福……

【评语推荐】

本文构思连贯流畅,以"在心中荡漾的温暖"为线索,贯穿了姥姥为我织毛衣、我为姥姥熬"爱心粥"两件事,叙事与抒情议论的衔接自然、和谐。阅读这篇文章,我们仿佛和作者一起穿越记忆,沉浸在亲情的融融暖意之中。全文语言流畅、行文舒展、用词雅致、生动。大量的修辞不仅使文章散发出的浓浓的书卷气,而且强化了抒情的跌宕跳跃。其间的景物描写布局合理、娓娓细说,体现出结构井然、行文洒脱、蕴味隽永、情意绵长的特点。

实践体验

【文段1】

我们沙地上,下了雪,我扫出一块空地来,用短棒支起一个大竹匾,撒下秕谷,看鸟雀来吃时,我远远地将缚在棒上的绳子只一拉,那鸟省就罩在竹匾下了。

——节选自鲁迅《故乡》

【语言特点品析】

_____

_____

_____

_____

_____

【文段2】

眼前是几根埋在水里的枯木桩子,日久天长,也许人们忘记这是为什么埋的了。这里的水却是镜一样平,蓝天一般清,拉长的水草在水底轻轻地浮动。鬼子们追上来,看着就扒上了船。老头子又是一篙,小船旋风一样绕着鬼子们转,莲蓬的清香,在他们的鼻子尖上扫过。鬼子们像是玩着捉迷藏,乱转着身子,抓上抓下。

……老头子把船一撑来到他们的身边,举起篙来砸着鬼子们的脑袋,像敲打顽固的老玉米一样。

他狠狠地敲打,向着苇塘望了一眼。在那里,鲜嫩的芦花,一片展开的紫色的丝绒,正在迎风飘撒。

——节选自孙犁《芦花荡》

【语言特点品析】

_____

_____

_____

_____

【文段3】

生命像向东流的一江春水,他从生命最高处发源,冰雪是他的前身。他聚集起许多细流,合成一股有力的洪涛,向下奔注,他曲折地穿过了悬崖峭壁,冲倒了层沙积土,挟卷着滚滚的沙石,快乐勇敢地流走,一路上他享受着他所遭遇的一切:有时候他遇到巉岩前阻,他愤激地奔腾了起来,怒吼着,回旋着,前波后浪地起伏催逼,直到冲倒了这危崖,他才心平气和地一泻千里。有时候他经过了细细的平沙,斜阳芳草里,看见了夹岸红艳的桃花,他快乐而又羞怯,静静地流着,低低地吟唱着,轻轻地度过这一段浪漫的行程。有时候他遇到暴风雨,这激电,这迅雷,使他的心魂惊骇,疾风吹卷起他,大雨击打着他,他暂时浑浊了,扰乱了,而雨过天晴,只加给他许多新生的力量。有时候他遇到了晚霞和新月,向他照耀,向他投影,清冷中带些幽幽的温暖:这时他只想休憩,只想睡眠,而那股前进的力量,仍催逼着他向前走……终于有一天,他远远地望见了大海,啊! 他已经到了行程的终结,这大海,使他屏息,使他低头,她多么辽阔,多么伟大! 多么光明,又多么黑暗! 大海庄严的伸出臂儿来接引他,他一声不响地流入她的怀里。他消融了归化了,说不上快乐,也没有悲哀! 也许有一天,他再从海上蓬蓬的雨点中升起,飞向西来,再形成一道江流,再冲倒两旁的石壁,再来寻夹岸的桃花。

——节选自冰心《谈生命》

【语言特点品析】

第二编　局部设计

话题六：

小荷才露尖尖角
——定题目，有新意

　　"标题"就像文章一双慧眼，透过标题可以了解到文章很多的信息。"题好文一半"，一个优秀的作文题目具备准确、简洁、醒目、新颖，能引人注目，发人深省，或给人以启迪等作用。作文常见的命题形式有四种：全命题作文、半命题作文、材料作文、话题作文。其中，半命题作文、材料作文、话题作文的写作过程，都是从"拟题"就开始了。题目拟得如何，直接关系到作文的质量，影响到作文的艺术感染力。俗话说："人要衣装，文要题装。"这就足以说明了题目在文章中的重要性：文题拟得精巧、美妙，开篇即能先声夺人，吸引读者；反之就会开局失利，败居下风。

要求直通车

一、精练准确

　　作文题目应紧扣文章内容，使读者一看就能了解文章准备写的是什么。恩格斯曾说："题目愈简单,愈不费解,就愈好。"这主要是因为短小的标题能给人以深刻的印象,给人以广阔的联想空间。

作文题:请以"心声"为话题,自拟题目,写一篇作文。

【原拟题】我想轻松轻松

【改拟题】老妈,让我自己向前走

【对比分析】原题目"我想轻松轻松"一般表示的是"由于过分紧张,要求休息放松,做到有劳有逸"。而这篇作文的主体内容是"母亲从生活、思想等方面包办代替太多,从而呼唤在成长中我们需要自立、自主、自治。"很显然,改后的题目比改前的题目更加清晰明了。

二、形象生动

古人云:"题者,额也;目者,眼也。"文章的题目犹如一个人的额和眼,在一篇文章的整体中占据着非常重要的位置,可以让我们从文题中窥见文章的中心和重心。所拟题目,应该立刻就能引起读者注意,给人留下耳目一新的深刻印象,激发起读者的阅读兴趣。

作文题:请以"致_____"为题目,写一篇作文。

【原拟题】致母亲

【改拟题】致母亲一首歌

【对比分析】原题"致母亲"仅仅是停留在表层意义上,揭示出了文章的写作对象及主要内容。改题"致母亲一首歌"有演唱的动态过程,其形象感一下子跃然纸上,其中还包含着亲切感和强烈的褒扬色彩。

三、含蓄隽永

一篇优秀的作文题目,总是概括性很强,饶有深意,引人深思,有着含蓄隽永的意味。这就说明在拟写作文题目的时候,要努力超越平实浅易的层面,使题目含义丰富、有启发性、能引起读者内心的共鸣。

作文题:请以"亲情"为话题,自拟题目,写一篇作文。

【原拟题】父与子

【改拟题】心连心

【对比分析】原题仅仅只是表白了一种关系,读来显得单调而缺乏引人入胜的韵致。改题"心连心"含蓄地写出了一种情感的流淌,读来感人肺腑,很有吸引力。

四、新颖幽默

拟题是善于"联想",有助于拟出新颖幽默、有个性的作文题目。主要可以从三个角度进行联想:相关联想,例如,由窗户联想到门;相似联想,由路灯联想到成长路上指明方向的心灯;相反联想,由平凡想到伟大。

作文题:请以"希望"为话题,自拟题目,写一篇作文。

【原拟题】老妈的心愿

【改拟题】乘"爱心号"启程

【对比分析】文章题目起得巧妙,一般都不是"就事论事",若是能找到其关键点生发出新的写作通道,就必然是新颖的。题目"老妈的心愿"特点是直白、简洁;在题目"乘'爱心号'启程"中,蕴含着悬念"爱心号"喻指什么?"启程"去哪?一下子就变成了对自己成长经历的个性化梳理。

方法点拨

一、化大为小

"化大为小"就是选择一个比较小的切入口,从一个具体的角度切入题目,将一个相对较"大"范围内的题目缩小为一个比较"窄小"的题目,有利于我们的写作从小处着眼而顺利展开,从而有利于作文过程的选材范围更明确集中,立意角度更加具体突出。

【例题】

岁月如诗,人生如歌,成长中咀嚼生命的每一个过程,感悟生活的每一种精彩:一次次磨练,一次次探索,一次次发现,一次次拼搏,一次次与老师、家长、同学的心灵碰撞…… 我们在求索中不断取得着收获:我们的能力在创造中不断提升,我们的意志在磨练中变得更加坚韧,我们的情感在交流中更显融合,我们的生活也越来越丰富美好。请以"感悟"为话题写一篇作文。要求:题目自拟,立意自定,文体自选,不少于600字,文中不要出现真实的人名和地名。

【拟题展示】

话题"感悟"涉及了生活的方方面面,范围很广。拟题时,如果我们不从一个具体的角度来切入,写起来就很容易出现泛泛而谈的现象。例如,"感悟生活",由于题目范围很广,写作时反而会因为"下笔有千言"造成"无从落笔,不知何言"的结果。但是,如果把范围缩小到"生活中的美""母爱真情"等具体的角度来切入,就容易把文章写得充实、具体。

把"大"化"小"的具体方法有很多,常见的一种就是,在话题前面、中间或后面做适当的增补,对写作范围加以限制,使话题由大变小,由虚变实,由抽象变具体。

【例题】

从小到大,老师陪伴着我们的成长,给予我们的爱无数无限:这爱是无私的,是慈爱的,也是严厉的,更是令我们难忘的……请以"师恩"为话题写一篇作文,自拟题目,自定立意,自选文体,不少于600字。

【拟题展示】

增加的内容,位置在前:《温暖我心的师恩》;增加的内容,位置在后:《师恩伴我成长》;增加内容,位置在中间:《温暖师恩刻心间》。这样的拟题,缩小了写作范围,有利于自己在创作伊始就从最熟悉的内容切入,充分展示自己的写作特点。

二、直接揭示

通过作文的题目,常常可以洞悉文章的灵魂。例如,鲁迅先生的《藤野先生》,文题即是全文主人公;罗迦·费·因格的《事物的正确答案不止一个》,文题表明论述事物之间的关系;高尔基的《海燕》,文题即是文章的写作对象,也是贯穿全文的线索;魏巍的《谁是最可爱的人》,文章题目暗示了文章的主题,传递出正能量。直接拟题的方法,可以直接揭示这篇文章的内容概要、主题重心或全文线索,也可以清晰明了地表明作者的基本构思和写作意图,有丰富内容、画龙点睛的效果。

三、巧用修辞

运用比喻、拟人、对偶、顶真、夸张、反复、设问、反问等常见的修辞方法拟题,可使文章题目生动形象,富有文采。例如,以"诚信"为话题,巧用修辞法可拟题目《诚信是金》《诚信出走记》。以"也快乐"为题目,巧用拟人修辞拟题《鸟儿高歌也快乐》,把描写对象拟人化,能够增强亲切、活泼、生动的效果。

【例题】

阅读《伟大的悲剧》,我们在一条科学考察的路上,看到了真正英雄的身上,永远闪烁着崇高的精神光芒。阅读《秋天的怀念》,在一条充满母爱的路上,体会到平凡琐事中点点滴滴连缀而成的母爱乐章。请以"路"为话题写一篇作文,立意自定,文体自选,不少于600字。

【拟题展示】

运用比喻的修辞方法拟题目"成长路上有一盏明灯",运用比拟人的修辞方法拟题目"路的心声",运用夸张的修辞方法拟题目"千万条路在脚下",等等。运用修辞方法拟题,起笔即有观点鲜明、言辞恳切、生动而有文采的效果。

四、一语双关

作文构思时,有意识的使用具有双重意义的词语,形成一种言在此而意在彼的双关效果,有助于突出表现作文构思精巧、立意深刻的特点。例如,都德的《最后一课》,一方面指韩麦尔先生的法语教学生涯,由于普鲁士军队的入侵将要被迫结束,成为最后一节课;另一方面指小弗郎士这些法兰西儿童,由于普鲁士军队的入侵,将再不能学习自己祖国的语言,这是告别祖国语言的,表达对祖国的无比热爱的最后一节法语课!

【例题】请以"情感"为话题,自拟题目,写一篇作文。

【拟题展示】

"花落春继续""降温与升温""暖意浓浓",这是几个一语双关的题目,从立意方面都是表现"一种温暖的情感在心中荡漾",这样的题目含蓄又意味深长。

五、逆向思考

在拟题时,克服定势思维,逆向思考,自然就能产生新颖深刻、形贬实褒的拟题效果。例如,《挫折也是人生财富》《我是落后生,我也很美丽》,等等。

【例题】

伦敦奥运会乒乓球赛结束后,师生们一起议论。

学生:太好了,中国队包揽了全部冠军,这叫实至名归,竞技体育就得靠实力说话。

学生:但我更愿意看见外国选手成功挑战中国名将,一个国家长期垄断某项体育比赛的金牌,其实并不利于这一项目的发展。

学生:有人主张中国队应让出一两枚金牌,我不赞成。如果故意输球,就有违公平竞争的原则和奥林匹克精神⋯⋯

老师:同学们说的都有一定的道理,有些道理不仅体现在乒乓球运动上,也适用于其他社会生活领域。

请根据以上材料,以"竞争"为话题写一篇文章,立意自定,文体自选,不少于600字。

【拟题展示】

《感谢对手》《珍惜失败》《虽败犹荣》,这样的拟题,不从常规思维方式出发,反弹琵琶,推陈出新,妙趣横生,意味深刻。

六、符号演绎

有些时候标题把文章内容全部揭示出来,一看标题即知内容和结果。在一种没有任何悬念的情况下,很难吸引读者的阅读兴趣。如果在题目中巧用各种标点符号,效果就会各有特点。例如,《2+1=?》《财富 ≠ 幸福》《信念 + 实践 > 成功》。在作文题目中,运用数学公式和符号,能起到简洁、生动而又别致、醒目的作用,能唤起读者强烈的阅读愿望,从而增强作文表现力。

【例题】请以"我"为话题,自拟题目,写一篇作文。

【拟题展示】

《?+?= 我的快乐》,这篇作文的整体构思,是表现自己对于成长的理解:坚守信念的勤奋是快乐的源泉,不怕失败挑战困难的努力是快乐的保障。把数学符号引进自己的题目,悬念迭起而引人入胜。

七、引用化用

作文拟题时,对于自己熟悉而喜爱的作品,歌曲、古诗词、名言警句、生活俗语、广告词等适当引用、化用,既切合写作的内容,又有助于引起读者阅读的兴趣,产生丰富的联想,增强文题的表现力,使文题表现出典雅大方、新颖别致、妙趣横生、活泼亲切等特点。

【练习】

"微笑",一种很美好的表情,代表了一种很美好的生活态度,带给我们很多鼓励、温暖等很美好的感受……生活,离不开微笑,请以"微笑"为话题,自拟题目,写一篇作文。

【拟题展示】

"不经历风雨,怎能见彩虹""笑问客从何处来"这两个作文题目,"不经历风雨,怎么见彩虹"引用了非常熟悉的歌词,"笑问客从何处来"引用了贺知章的《回乡偶书》使文题变得典雅、有韵味,既增强了文题的生活化,又有浓厚的抒情色彩,读来使人倍感亲切,又蕴含深刻含义。从文章创作的第一步开始,就起到了给文章锦上添花的美化作用。

他山之石

有时我也想放弃

初中,这是一个令我充满梦幻的词语:即将摘下红领巾,对青春充满无限憧憬;更加渴望独立,拥有一片自己的天空;抱着吉他,自弹自唱欣赏自己的进步……步入初中，一切都是新鲜的，让我充满对未来的希望。初中生活就这样走过第一学期，有许多意想不到的事令我无法忘怀。

天生喜欢数学的我，第一次面对"史地生政"的期末考试，可真是为了难。那天中午，一连又发了八张复习提纲。我收拾好卷子，心想："真不想背了，我将来要做 IT 精英，和这些枯燥的内容风马牛不相及！"晚上，我还是无奈地开始了"念背默"的历程。手拿生物卷子，相面二十分钟，头痛发麻还是背不下来，心想："这些都是副科，只要能学好主科就行。"想着就随手把卷子往书里一夹，扔在写字台边上。正巧妈妈推门进来，指着我的脑门说："看这眉头拧的，碰上难题了？""我没长背副科的脑子，不念了！"我大声发泄。"碰到一点困难，就打算放弃了吗？"我生气地点点头。屋子里安静极了，很久，妈妈才语重心长地说："还记得学电子琴，你也想过放弃吗？"我的眼前立刻浮现出那个画面：小学五年级，因为参加全市比赛，需要练习一首很难的曲子，一连三天我都弹不出曲调。正当我决定放弃比赛时，窗外传来蟋蟀的叫声，此起彼伏，仿佛在嘲笑我是一名懦夫。顿时激发起我的斗志，我苦苦练习一个月，以冠军的好成绩见证了努力才是成功的奠基石。想到这儿，我的脸腾地红了，暗暗告诉自己："面对困难，一定要做敢于挑战的勇士！"我再次翻开历史卷子，认真复习起来。妈妈满意地笑了。

接下来的每天晚上，我都会早早坐在写字台前，忙完政治，就开始背地理：温带、热带、南半球，北半球，一一研究明白之后，又继续研究叶绿素、水和阳光。最后复习历史，我的眼睛常常会困得直打架。我赶紧用冷水洗脸，重新打起精神，和各个朝代、人物、历史意义做奋战。功夫不负有心人，这四门考试我都取得优异成绩。同学们请我介绍进步经验，那一个个挑灯夜读的场景立刻浮现在眼前,我感慨地说:"有时我也想过放弃,但我明白放弃只能让努力付之东流,做事贵在坚持!"同学们热烈的掌声就像一个胜利的奖杯,在我心里闪着灿烂光芒。

初中,充满了新的困难。每一次拨开荆棘都需要艰辛努力。有时我也想过放弃,但一转念就会被一份信念战胜:成功的赞歌,需要用勤奋谱曲,用坚持不懈地努力填词。放弃是走向失败的第一步,而勇敢面对困难才是迈出了成功的第一步!

【评语推荐】

本文从逆向思维切入拟题,"有时我也想放弃"有出人意料的效果,与文章立意"做事贵在坚持"形成反差,强化了对比效果。全文运用联想的方法,丰富素材的组织,构思新颖,内容生动丰富。对人物的语言、神态、动作等,进行精心描绘,这是本文的一大特色,特别是学习遇到困难时的心理活动表现得真实细腻,读来倍感亲切,能引起读者的共鸣。

实践体验

【文题1】

有人看见一只幼蝶在茧中挣扎了很久。觉得它太累了,出于同情用剪刀小心地把茧剪掉了一些,让这只幼蝶轻易地爬了出来。然而,不大一会儿,这只幼蝶竟死掉了。原来,幼蝶在茧中的挣扎是在锻炼、完善自己,让身体更加结实,翅膀更加有利,从而使自己得以生存和飞翔。可见,恰恰是那同情的"爱心"害死了这只本可翩翩起舞的蝴蝶。由这个故事联想到当前的很多教育问题,请围绕"幼蝶之死"这个话题写一篇文章。要求:立意自定;文体自选;题目自拟;不少于600字。

【拟题思考】

_____

_____

_____

_____

_____

【文题2】

珍　珠

〔黎巴嫩〕纪伯伦

一只海蚌对它身边的同伴说："我身子里有一颗东西，很痛，它又重又圆，我真苦恼。"它的同伴高傲得意地回答道："赞美天空，赞美大海，我身子里没有痛苦。我里里外外完美无缺，安然无恙。"这时，正好一只螃蟹走过，它听到了两只海蚌的对话，便对那只里里外外完美无缺的说道："是的，你的确完美无缺，安然无恙。但你要知道，让你同伴忍受痛苦的是一颗无与伦比的美丽的珍珠。"

我们知道：人类的丰收成果、辉煌业绩、伟大事业，往往要历经磨难，走过痛苦的征程才能取得。你有过痛苦的经历吗？对痛苦有何认识？请以"痛苦的价值"为话题写一篇文章，或记事，或议论，或抒情，所写内容必须在这个话题范围之内。要求：立意自定；文体自选；题目自拟；不少于600字。

【拟题思考】

_____

_____

_____

_____

_____

_____

【文题 3】

一位作家给儿子的信中有这样一段话:你人很聪明,但对你即将要从事的事业来说意志还不够坚强:你说不喝可乐,果然就不再喝了;但考试小挫后屡次发誓不再玩游戏机,却常常挡不住诱惑。聪明是一种财富,意志是更大的财富.聪明人办小事,坚强者办大事。战斗最难坚持的是最后 3 分钟。孩子,一定要坚持,越不能坚持越要坚持。黎明前最黑暗,胜利前最容易觉得无望,成功前又最容易感到渺茫。

这段话引发你想些什么呢?请以"坚持"为话题写一篇文章,可以写你的经历、体验、感受、看法和信念,也可以编写故事、寓言等。要求:立意自定,文体自选,题目自拟,不少于 600 字。

【拟题思考】

话题七：

九层之台，起于垒土
——开好头，一半文

要求直通车

高尔基说："开头第一句是最难的，好像音乐里的定调一样，往往要费好长时间才能找到它。"古人认为文章的开头要像凤凰的脑袋，漂亮、优美。梁启超言："作文最要令人一望而知其宗旨之所在，才易于动人。"这些都是强调开头要干净利落，不要拖泥带水。写作文时我们常常会碰到这种情况：构思零散总觉得无从落笔，而一旦写好开头就能文思泉涌，一气呵成。常言道："良好的开端是成功的一半。"

写作文开头，切忌不要开篇过长，与题目、内容无关的话绕着弯子反复表达，这样就很容易造成"头重脚轻"或"开篇即离题"的现象。再有，开篇也不能一直都采用概括性语言，而无法起到统领全文的作用。"文无定法"，如果在作文开端部分就体现出与众不同的效果，力求简洁精悍、切题准确，而又能通过调用多种写作方法，营造"生动、引人入胜"的效果。或引用诗词，或直接进入叙事，或景语皆情语，或融入某种感情，等等。这样，起笔写作就已经做好充分准备，而进入思维奔放的创作通道自然水到渠成。

【文段节选】

他生就一副多毛的脸庞，植被多于空地，浓密的胡髭使人难以看清他的内心世界。长髯覆盖了两颊，遮住了嘴唇，遮住了皱似树皮的黝黑脸膛，一根根迎风飘动，颇有长者风度。宽约一指的眉毛像纠缠不清的树根，朝上倒竖。一绺绺灰白的鬈发像泡沫一样堆在额头上。不管从哪个角度看，你都能见到热带森林般茂密的须发。像米开朗琪罗画的摩西一样，托尔斯泰给人留下的难忘形象，来源于他那天父般的犹如卷起的滔滔白浪的大胡子。

——节选自茨威格《列夫·托尔斯泰》

【解析】

这一段开头围绕题目，开门见山，通过采用记叙、描写等表达方式增强了形象感的表现力，通过"皱似树皮的黝黑脸膛""犹如卷起的滔滔白浪的大胡子"等比喻，又强化了语言的生动感。

方法点拨

一、开门见山

在苍茫的大海上，狂风卷集着乌云。在乌云和大海之间，海燕像黑色的闪电，在高傲地飞翔。

一会儿翅膀碰着波浪，一会儿箭一般地直冲向乌云，它叫喊着，——就在这鸟儿勇敢的叫喊声里，乌云听出了欢乐。

在这叫喊声里——充满着对暴风雨的渴望！在这叫喊声里，乌云听出了愤怒的力量、热情的火焰和胜利的信心。

——节选自高尔基《海燕 》

"开门见山"的意思是打开门就看见山，比喻说话写文章直截了当。所以，开门见山的作文开头一目了然，通过清楚直接的表达，让人一看或一听就能明白，从一开始就将读者带入到作者文章的情境中，让读者的思绪随故事情节的展开而起伏。

【习作节选】

每当苹果的芳香飘入我的鼻子，萦绕在我的周围，我便想起了远在山东老家的奶奶。她常年在地里劳作农活，被太阳晒得黑红的脸庞就像熟透了的红苹果，她给我的这份爱又像甜透了的红苹果，总是萦绕在我的心头，充盈着我的心房……

——节选自习作《萦绕在心头的爱 》

【解析】

这一段开头开门见山，直接引出题目"萦绕在心头的爱"，点明了文章所要表现的主旨，简洁明快、而又引人入胜。

"开门见山"开头法，也叫直接开头法：一落笔就紧扣标题。使用"开门见山"写作文开头，需要注意文体特点：如果是写记叙文，就要交代清楚所描述的主要人物或事物，一般具有"时间、地点、人物、事件"等几个要素；如果是写议论文，篇首即可提出中心论点；如果是写散文，开头既可点明主题；如果是写说明文，起笔就要交待清楚说明对象。

二、悬念设问

作文开头设置悬念，有助于营造某种氛围，产生强烈冲击力，提高思考价值，引人入胜，使读者产生期待心理，收到良好效果。

【习作节选】

我渴望独立,我渴望一个人独立写作业的时间,我渴望一个人去图书馆, 一个人去看一场电影……我的青春年华我渴望独立自主,我能做到吗? 带着心中的渴望,我穿越时空,叩问智慧的孔明,寻找我心中的答案。

——节选自习作《我渴望》

【解析】

这一段开头三言两语就设置出悬念,把读者带进思考的时空,吸引读者想通过后面的文字,明白其中的答案。

设置疑问,包括设问和反问。设问是为了引起读者的注意和思考,首先提出问题,然后再通过陈述解疑。反问是为了加强语气,更加强烈地表达出自己的观点或主要意思。

【习作节选】

每一个人,都是一个微小的个体,每一个困难,都像一道难题,在困难面前我们不是要有勇往直前的信念吗? 不是应该以乐观的心态迎接它吗? 我问自己:"在一个又一个成长的困难面前,做好准备了吗?"

——节选自习作《在困难面前》

【解析】

这一段开头,通过反问提出自己的观点:在困难面前,我们要有勇往直前的信念,要以乐观的心态迎接它。又通过设问"在一个又一个成长的困难面前,做好准备了吗?",营造出悬念,有吸引读者阅读兴趣的作用。

三、托物起兴

托物起兴,就是先言他物,然后借以联想,引出自己所要表达的事物、思想、感情。运用"托物起兴"的方法写作开头，托物是手段，起兴才是文章的主要内容。起兴之景、物与引出之事、情之间有着或相同或相似或特定的关系，这样，读者的想象和思考才能沿着这一线索前行，从而达于题旨文意。当然，是否运用起兴的手法，要根据行文的需要，要讲究自然贴切，不可刻意地牵强地使用。

【习作节选】

初生的雏鹰生活在广阔的蓝天，它振翅翱翔重新找回自己的潇洒；受伤的羚羊生活在辽阔的草原，它自由奔跑重新找回自己的视野。我也渴望重新找回自己，找回自我内心那些最珍贵的那些东西。

——节选自习作《重新找回自己》

【解析】

这一段《重新找回自己》的作文开头，首先通过写初生的雏鹰、受伤的羚羊都能通过自己的努力，重新找回自己的本性。然后引出自己所要表达的观点：我也渴望重新找回自我内心那些最珍贵的那些东西。

四、修辞铺排

作文中恰当地运用修辞手法，语言表达会因此而变得更加亮丽、具有美感，给人以耳目一新的感觉。常用的修辞方法，运用在作文中，效果也会有所不同：

1. 比喻：开头运用比喻，能使文章的语言表达内容丰富、生动含蓄，有增强文采，激发情感，引起共鸣的作用。

2. 对比：开头运用对比，有强化观点，突出某一个内容的作用。

3. 排比：开头运用排比，既能丰富文章意蕴，又能有效增强语言的气势，集中表达思想感情，增强文章的艺术美。有句式整齐，语势铿锵,铺排文气的作用。

4. 设问:开头运用设问,既符合认知规律,又能通过提问设悬,吸引读者的注意。

5. 拟人:开头运用拟人,有增强语言生动性和形象性的作用,有益于丰富文章的意蕴。

6. 反问:开头运用反问,有增强语气,强化作者观点想法的作用。

【习作节选】

蜗牛说:"我的心里也有一双翅膀,所以我不羡慕雄鹰飞翔在蓝天。"小溪说:"我的心里是浩瀚的,所以我不羡慕波澜壮阔的海洋。"绿叶说:"我的心里是丰硕的,所以我不羡慕甜美的果实。"是呀,蜗牛、小溪、绿叶虽然微小,但它们却都有着属于自己的价值。我们每一个人不也是这样吗?内心有一个丰富的世界,是一件多么美好的事情。

——节选自习作《内心有一个丰富的世界》

【解析】

这篇作文的开头,通过拟人、设问等修辞手法的运用,作者赋予了蜗牛、小溪、绿叶等自然界的事物以人性,自然引出设问:"我们每一个人不也是这样吗?内心有一个丰富的世界,是一件多么美好的事情!"语言生动,意蕴丰富,余味萦绕。

五、经典引用

"腹有诗书气自华"。引用,在吸引读者、突出中心、增强气势、意味高远等方面都有着明显的作用。常用的引用方法,运用在作文中,效果会有所不同:

1. 引用诗词:引用诗词经典语句开头,可以彰显文章底蕴,使文章散发出浓浓的书卷气和文化气,韵味深远、震撼人心。

2. 引用俗语:引用生活俗语开头,能增强语言的亲切感,有激发读者兴趣的作用。

3. 引用名人名言:引用名人名言开头,可以使自己的意思简明、集中地表达出来,有画龙点睛、给文章增加文彩、向深度挖掘等作用。

4. 引用故事:引用典故、寓言或生活中的小故事开头,可以增加文章的趣味性,有吸引读者兴趣的作用。

【习作节选】

"少壮不努力,老大徒伤悲。""锲而不舍,金石可镂。"这些经典的诗句常常回响在我的耳畔。每当我以持之以恒的精神鼓励自己时,我的内心都会充满希望,也在不断地告诉自己:"珍惜现在的分分秒秒,做每一件事,做好每一件事!"

——节选自习作《希望》

【解析】

这篇作文的开头,连续引用两句非常熟悉的诗句,不仅增强了熟悉的生活感,而且以此来领起全篇,使语言显得凝练精辟,表现出深厚的文化积淀,在第一印象中就留下余味无穷。另外,在增强说服力,启人心智、升华主题等方面的效果也是很突出的。

六、倒叙切入

"倒叙"是把事件的结局或其发展过程中的某一重要内容提到前面开头来写,然后才按时间顺序写。也就是说,一开始就写出事情的结果,或先写事件中最突出的片段;再写事情发生的原因,然后再逐步交代出事情发展的经过。"倒叙"笔法有造成悬念、引人入胜,避免叙述的平板和结构的单调等效果。运用倒叙,要注意合理安排过渡句或过渡段回到顺叙的内容,否则会使文章头绪不清,脉络不明,影响内容的表达。

【习作节选】

"宝剑锋从磨砺出,梅花香自苦寒来。"做任何事都要经过与困难做斗争的艰苦过程,才能获得成功。那次挫折让我在成长路上跌了一个大跟头,却让我一下子就明白了这个道理,令我记忆犹新。那是一个冬天的早晨……

——节选自习作《挫折》

【解析】

这篇作文的开头采用"倒叙法",首先交代了"做任何事都要经过与困难做斗争的艰苦过程,才能获得成功"的道理。然后,在文章主体部分再按照时间顺序来追溯事件的由来和发展。这样的开头能吸引读者思考"到底是一个什么跟头呢?"悬念自然而出,起到了吸引读者往下阅读的作用,同时还达到了强调事件意义的效果。倒叙的文章开头尤为重要,"那是一个冬天的早晨"这一句看似平淡,设计却非常精巧,充分考虑到了与下文的衔接、过渡。

七、环境渲染

作文开头运用环境描写,可以起到渲染、烘托某一种气氛的作用,有利于全文对于人物形象或中心立意的突显。自然环境惟妙惟肖的描写,主要可以产生三个写作效果:

第一,渲染气氛,能进一步突显行文整体的感情基调,有效增强文章的感染力,使得读者在阅读中有身临其境之感。

第二,烘托主题,在作文中对环境的描述有助于更加透彻地表达文章主题,进一步起到打动读者的心声,激发读者情感的作用。

第三，和行文中其他细节描写相互衬托，例如，通过环境描写体现某一时刻人物的情绪状态，推动故事情节的发展。

【习作节选】

夜，宁静；月，皎洁；风，轻柔。独坐在窗前的我，看着院子里月光下的石榴树，一朵朵盛开的石榴花，像一个个害羞的小精灵，香气拂面而来，一缕缕轻柔的夜风，吹得石榴树枝杈、叶子都"沙、沙"作响，勾起了我无限美好的回忆。

——节选自习作《美好的回忆》

【解析】

这篇作文的开头采用"景物渲染"的方法，描写了静谧、祥和的夜景，衬托出作者平静、温柔的内心世界。用皎洁的月，轻柔的风，一朵朵盛开的石榴花，进一步烘托了自己因为回想起美好记忆而喜悦的心情。同时引起读者思考"有哪些美好的回忆"呢？而且还是"无限"的？无疑，这是设悬的效果，引起了读者强烈的阅读兴趣。

八、欲扬先抑

"扬"和"抑"在艺术上都是一种强调手段。古人做文章强调"蓄势"，讲的也是欲扬先抑、先抑后扬的道理。这里所说的"扬"，是指褒扬、抬高；这里所说的"抑"，指按下、贬低。"欲扬先抑"写法的表现形式很独特：作文整体想要褒扬的人或物，作文开头却不是以褒扬基调落笔，而是从相反的贬抑处落笔。这种方法，可以凸显行文过程"既在意料之外，又在情理之中"的效果，使情节多变，形成波澜起伏，造成鲜明对比，给读者留下比较深刻的印象。

用"欲扬先抑"开头要根据中心表达的需要，准确选取人物或事物不协调的两个对立面，渗透截然相反的两种情感。抑就要抑得充分、到位,不惜笔力;扬就要扬得让人出乎意料,感叹不已。

【习作节选】

我对这盆月季花的感情,一直是不喜欢的。只要是有一天忘记浇水,晚上就耷拉脑袋,实在是娇气得不得了。妈妈每天伺候它都是小心翼翼,我常常觉得她给我们全家添了不少麻烦。然而,就在那个阴云密布、暴雨倾盆的晚上,它用一缕浓浓的芳香沁润着我家的每一个角落,那一朵朵盛开的艳丽之花,每一片花瓣都是如此娇嫩,似乎是在竞相展开着自己充满生命的活力,给这个雷声震吼的夜晚,凭添了一抹生气和温情,令我重新认识了它。

——节选自习作《那样一个晚上》

【解析】

这篇作文的开头采用"欲扬先抑"的方法,作者的本意是赞美月季花的生气、美丽,却先说月季花的实在很娇气,强化自己对它的不喜欢。这样鲜明而强烈的对比,既突出了旨意,又使文章内容跌宕多姿而引人入胜。

九、巧用题记

题记一般是指写在文章题目下面、正文之前的文字。好的题记如篇首的一颗明珠,璀璨夺目。既能起到提纲挈领的作用,又能提示文章内容,强化美感,揭示文章主旨,激发读者的阅读兴趣,给人赏心悦目的感觉。因此,给作文写个题记,兼有时尚、美化的作用。写题记,常见的形式主要有以下几种:

第一,引用格言、谚语、古诗文名句作为题记。"引用式"题记,看似简单,关键在于引用的内容是否与全文相符,否则就是牛头不对马嘴。合理改写名言警句、诗句作为题记是"引用式"题记灵活运用的一种方法。恰当引用或改用有两大作用:一是表现出创作者丰厚的文化底蕴和良好的语言修养;二是为作文确定写作内容,起笔即强化文章立意起到深邃隽永的效果。

【习作节选】

为什么我的眼里常含泪水?因为我对这校园的一景一物一人都爱得深沉……

——《我的初中时代》题记

【解析】

这是一篇题为《我的初中时代》作文的题记,通过改写艾青《我爱这土地》中的诗句作为自己文章的题记,充沛的情感在瞬间就表达得淋漓尽致——对学校生活的爱与眷恋,让读者在未阅读正文之前就感受到了作者情感的张力。

第二,直接导入,说明写这篇作文的目的或生活背景,快速把读者带入自己的创作情绪,为全文引线穿珠,其作用在于总领全文。

【习作节选】

历史是一面镜子,在历经挫折与痛苦的隧道里,我想起了他们。

——《借鉴》题记

【解析】

这是一篇题为《借鉴》作文的题记,文章的内容就确定为"他们"面对挫折与痛苦的经历给我们的成长带来很多可以借鉴的经验与教训,全篇以题记领起下文,写作时一气呵成。

第三,借用题记,诠释自己对文题的理解,让读者在最短时间内就能对题目的核心内容有最为清晰、准确的把握。

【习作节选】

成长的这段路,如花,姹紫嫣红;如歌,美妙动听;如酒,芳香清醇;如诗,意境深远;如梦,绚丽多姿!

——《成长这段路》题记

【解析】

这是一篇题为《成长这段路》作文的题记,通过连用四组比喻,巧妙地诠释出在"成长这段路"上的幸福感受,显示出作者丰富的情感和扎实的语言基本功。

第四,通过题记揭示文章的主旨,强化开篇就能引起读者共鸣,为文章的思想情感架起理解的桥梁。

【习作节选】

岁月漫漫,沧桑了时间的脚步;古老的灯塔,又挂满流年的侵浊。成长路上,有你陪伴,已然幸福美好。

——《陪伴》题记

【解析】

这是一篇题为《陪伴》作文的题记,用整齐的句式写出了岁月沧桑流逝的时间跨度,点出全文"幸福"的主旨基调,既体现出作者较好的语言素养、写作功底,又诗意盎然,意境优美。

他山之石

那一段时光

腊梅绽放记住寒冬的微笑,迎来低吟浅唱的春燕;松柏挺立记住风雪的微笑,唤醒寂寥沉睡的大地;桃李芬芳记住阳光的微笑,化作充满希望的和风……记忆中,爸爸的眼神就像一张胶片,定格在那一段时光里,也定格在美好的记忆里。

放学路上,压抑在我心中的苦闷如同泄闸而出的潮水,击打着脆弱的心灵。三月的细雨依然寒气逼人,雨丝贴上面颊,与泪水混合淌进心里。九年级第一次期中考试,我失败了。曾经一夜夜的苦战和拼搏,换来的却是一个破碎的梦!仰望星空,茫茫夜色,眼泪伴随流星滑落。为什么成功总是与我擦肩而过？

走进家门，迎面撞见刚被老师"会见"过的爸爸，目光对视，空气仿佛被冰冻一般，屋子里安静极了。"来，跟爸一起品品新买的茶！"父亲爽朗的声音打破沉寂。我愕然地睁大眼睛，那双深邃双眸中的神秘让我心生诧异。爸爸泡上茶，干瘪的茶叶稍稍展开，一股微苦袭来，我自语："像我心里一样苦，爸，我可能不是学习的材料！"爸爸没有应声，依然笑着注满热水，茶叶慢慢舒展成碧绿的嫩叶在水中翩翩起舞，一股清香飘散出来。"来，再试试。"我犹豫地呷了一小口，舌尖快速掠过一丝苦涩，然后是一种甘甜的味道。我抬起头，爸爸那神秘的目光多了几分柔和，还多了一份鼓励。他意味深长地说："品茶如人生，第一次可能会品到苦涩，只要坚持细细品味，就会发现苦涩之后是甘甜，是清香。"我似乎有所明白，瞟着水杯试探地问："这样的成绩，您真没生气？""真的！你每天学到深夜，爸爸相信付出一定会有收获。"我抬头看着爸爸，突然明白了其中的含义：学习也像泡茶，不断地积累才能厚积薄发。气馁只能失去成功的机会，而坚持才能打开成功的大门。我注视着父亲，氤氲的水汽笼罩着他的笑容，那粗黑双眉下的眼睛，透出信任和坚定的目光。我端起茶水一饮而尽，仿佛有一股力量从心底涌出，也因此记住爸爸微笑的眼神。

此后的一段时光，我更加勤奋，之乎者也、加减乘除，连做梦都是ABCD。当然，每晚陪伴我的还有用父爱秘制的"醒脑茶"。半个学期的努力终于换回进步突出的奖状，当我向爸爸报喜时再一次读懂了信任目光中父爱的深沉。他不似温暖春雨般润物无声，却有如睿智长者，为我指点迷津。就在这一瞬间，爸爸那深邃的目光深深印刻在我心里。

中考前的那一段时光，爸爸总是用他那信任的目光，告诉我成长路上要充满自信,面对困难要勇敢地破流向前。那是一段流着奋斗的汗水的时光,然而就是爸爸那满含鼓励的双眸,带给我无限的希望。那一段时光里,感谢爸爸的眼神,成长的路上,我记住了父亲眼神中的那份温暖、信任、鼓励、支持……

【评语推荐】

文章开篇点题,连用修辞语言精美、精炼有序、以景喻情,给人留下深刻印象。全文的情节设计颇具匠心,整个故事既出人意料之外,又在情理之中,叙述详尽,条理井然。作者的遣词造句,行云流水;对父爱的感情抒发,动人肺腑,无论是思想性还是艺术性都表现出构思的巧妙,读后让人久久回味。

实践体验

【文题1】

美国作家克里腾登写过一篇题为《母亲的价格》的文章,指出如果母亲的日常工作可获薪水,合理的年薪约为六万美元。母亲们做这些工作,做得细腻,做得纯粹,乐此不疲,头发做白了,腰做弯曲了,眼睛做昏花了,她们也毫无怨言。子女们在享受母爱的同时,不知不觉间,已经欠下了母亲那么巨大的一笔薪水。其实,不管是母爱、父爱,还是其他亲人、老师对我们付出的爱,都无法用金钱简单地衡量。只有懂得珍惜,才能真正体会其价值。请以"珍惜"为话题写一篇作文,自拟题目,自选文体,字数不低于600字。

【开篇练笔】

【文题2】

初春，街心公园的树争先恐后地长满了绿芽，有一棵树却迟迟没有动静。一段时间后，别的树的叶子都已张开，这棵树才刚刚冒出嫩芽。一开始就比别人晚了一大步，不免让人担忧。不过这棵树并不着急，还是按着自己的节奏不紧不慢地生长着，不经意间夏天来临，举头望去，这棵树与别的树已无区别，浓浓的绿色在夏日的酷暑里同样可以遮荫纳凉。此时，谁又在意它当初的滞后？人的成长何尝不是这样？请根据对上述文字的感悟和思考，写一篇作文，自拟题目，自选文体，字数不低于600字。

【开篇练笔】

【文题3】

思想、感情、态度等，用言语、行为显示出来，即为"表达"。把爱表达出来，你会被更多关爱包围；把幸福表达出来，你会感受更多幸福；把失意表达出来，你会获得真诚帮助……勇于表达，善于表达，成长更顺利，生活更美好。请以"_____需要表达"为题目写一篇文章。要求：把题目补充完整；内容具体，有真情实感；文体不限（诗歌、戏剧除外）；字数不少于600字；文中请回避与你相关的人名、地名、校名。

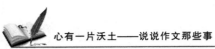

【开篇练笔】

话题八:

宝剑锋从磨砺出，梅花香自苦寒来

——重主体,描写细

要求直通车

　　根据题目要求,把握好作文主体的重点,是作文过程的基本要求。怎样确定作文主体呢? 从选材来说,要精心选择那些最能表现主题的内容作为重点。从结构来说,要合理安排重点与非重点内容的比例,能表现中心的内容就多写,详写,次要的内容就少些,甚至一笔带过,做到重点突出,详略得当。从行文落笔的角度来说,要注意选取一两个重点内容做细致、深入的描写,力求细节刻画,生动形象。

　　如果把一篇文章比作一片园圃,其中的细节就像这片园圃中盛开的花朵。若想让花朵盛开得更加漂亮,就要进行细节描写。我们要学会把自己捕捉到的生活细节,用生动的文字进行描述,有如带领读者一起园中赏花。从技巧上讲,对重点内容进行细节描写,既是写好作文的一个要求,也美化作文的一个好方法。

一、绘画描摹

写作文时,我们常常会有交代清楚"某时某地点发生了某事"等信息之后就无从下笔的经历。为什么拿起笔却又无话可说了呢?分析原因,这都是由于空洞笼统的平铺直叙而造成的。也正因为文中的主体内容,缺乏对细节的绘画描摹,就很难写出具体生动、血肉丰满的文章。

二、其境真实

如果看一篇文章就像在听一个人流水似的唠唠叨叨,显然是枯燥乏味的;但如果通过文字,仿佛看到了各异不同的演员在舞台上表演自己的人生,那一定是生动感人的。单纯的叙述性语言很难呈现出清晰的"画面",应把"具体的样子"真实地呈现出来。作文主体呈现出来的效果应该是能给人以如临其境、如见其人、如闻其声、如嗅其味等真实的感觉。

三、精选细节

"于细微处见长"是作文主体成功出彩的一个途径。著名作家贾平凹曾说:"我可以告诉你一个秘诀,这也是我多年没有告诉别人的经验——那就是多写细节……细节是生动的,有了它,文章就有了生气。"可见,一篇文章如果有了鲜活而独特的细节,也就有了亮点,文章会因细节而精彩。写一篇作文,尤其是写记叙文,精彩的细节描写,可以使文章读起来生动有趣,真实可信;反之,就很难有引人入胜的效果。例如,对一个场面的描写,首先要在构思时就考虑清楚明白设计这个场景的用意。因为对人物进行细致描写,就要紧紧抓住人物的语言、动作、外貌、心理、神态等细节,细节描写的目的是为了更加突出所塑造的人物，而人物的活动又离不开具体的场景。所以，细节描写一定要和人物活动的场景相结合，这样才能更好地凸显人物形象。

【文段节选】

有一天，下大雨，我醒来就知道不早了，因为爸爸已经在吃早点。我听着、望着大雨，心里愁得不得了。我上学不但要晚了，而且要被妈妈逼着穿上肥大的夹袄（是在夏天！），踢拖着不合脚的油鞋，举着一把大油纸伞，走向学校去！想到这么不舒服的上学，我竟有勇气赖在床上不起来了。

过了一会儿，妈妈进来了。她看我还没有起床，吓了一跳，催促着我，但是我皱紧了眉头，低声向妈妈哀求说：

"妈，今天晚了，我就不去上学了吧？"

妈妈就是做不了爸爸的主，当她转身出去，爸爸就进来了。他瘦瘦高高的，站在床前来，瞪着我：

"怎么还不起来，快起！快起！"

"晚了！爸！"我硬着头皮说。

"晚了也得去，怎么可以逃学！起！"

一个字的命令最可怕，但是我怎么啦？居然有勇气不挪窝儿。

爸爸气极了，一把把我从床上拖起来，我的眼泪就流出来了。爸爸左看右看，结果从桌上抄起鸡毛掸子倒转来拿，藤鞭子在空中一抡，就发出咻咻的声音，我挨打了！

爸爸把我从床头打到床角，从床上打到床下，外面的雨声混合着我的哭声。我哭号，躲避，最后还是冒着大雨上学去了。我是一只狼狈的小狗，被宋妈抱上了洋车——第一次花钱坐车去上学。

我坐在放下雨篷的洋车里，一边抽抽搭搭地哭着，一边撩起

心有一片沃土——说说作文那些事

裤脚来检查我的伤痕。那一条条鼓起来的鞭痕，是红的，而且发着热。我把裤脚向下拉了拉，遮盖住最下面的一条伤痕，我最怕被同学耻笑。

虽然迟到了，但是老师并没有罚我站，这是因为下雨天可以原谅的缘故。

老师叫我们先静默再读书。坐直身子，手背在身后，闭上眼睛，静静地想五分钟。老师说：想想看，你是不是听爸妈和老师的话？昨天的功课有没有做好？今天的功课全带来了吗？早晨跟爸妈有礼貌地告别了吗？……我听到这儿，鼻子抽搭了一下，幸好我的眼睛是闭着的，泪水不至于流出来。

静默之中，我的肩头被拍了一下，急忙地睁开了眼，原来是老师站在我的位子边。他用眼势告诉我，叫我向教室的窗外看去，我猛一转头，是爸爸那瘦高的影子！

我刚安静下来的心又害怕起来了！爸爸为什么追到学校来？爸爸点头示意招我出去。我看看老师，征求他的同意，老师也微笑地点点头，表示答应我出去。

我走出了教室，站在爸爸面前。爸爸没说什么，打开了手中的包袱，拿出来的是我的花夹袄。他递给我，看着我穿上，又拿出两个铜板来给我。

——节选自林海音《爸爸的花儿落了》

【解析】

这一段文字中有记叙，也有描写，显然其中的语言、动作、心理等描写都是精彩之笔。我们从这些字里行间，能够体会到一位严格而慈爱的父亲，也能看到一位小女孩儿对父亲的尊敬与热爱。可见，在语段中，丰沛而真挚的感情，通过生动而细腻的描写流露出来，有强烈的共鸣效果。

方法点拨

一、增加特写镜头

【范例赏析】

站起来向外一望,那孔乙己便在柜台下对了门槛坐着。他脸上黑而且瘦,已经不成样子;穿一件破夹袄,盘着两腿,下面垫一个蒲包,用草绳在肩上挂住;见了我,又说道,"温一碗酒。"……他从破衣袋里摸出四文大钱,放在我手里,见他满手是泥,原来他便用这手走来的。不一会,他喝完酒,便又在旁人的说笑声中,坐着用这手慢慢走去了。

——节选自鲁迅《孔乙己》

这一段写孔乙己的出场,"脸上黑而且瘦,已经不成样子;穿一件破夹袄,盘着两腿,下面垫一个蒲包,用草绳在肩上挂住","他从破衣袋里摸出四文大钱,放在我手里,见他满手是泥,原来他便用这手走来的"。从这些外貌、动作描写中看出孔乙己的惨状。最后,孔乙己在旁人的笑声中"坐着用这手慢慢走去了"。在"旁人的笑声中"足见世态炎凉。读者通过这一段对孔乙己特写镜头的描写,能够更加深刻地看到封建科举制度对孔乙己的毒害,也自然能够深刻体会作者对吃人的封建文化教育、害人无数的科举制度所进行的深刻批判、无情揭露。

【习作节选】

奶奶患上了重病,病得不能自理,她需要有人二十四小时陪护,妈妈毫不犹豫地承担起这个重担。从此,妈妈辞掉了工作,每天陪奶奶聊天,把奶奶照顾得无微不至,却从不叫苦叫累,也从不嫌奶奶脏。奶奶的脸上也总是挂着满意的微笑,总是说:"我是一位幸福的病人。"

【分析提示】

这段文字感情朴实而真诚,充满一家人之间的互相理解与关爱。提出一个思考的问题:事件虽然简短,但感人的瞬间却很生动,文字表现出这种效果了吗?

【修改示例】

奶奶患上了重病,病得不能自理,需要有人二十四小时陪护。爸爸提议请一位长期保姆,却被妈妈斩钉截铁一口否决,她反问爸爸:"难道还有人比儿女伺候奶奶更精心吗?"爸爸的脸上显出为难的神色,妈妈接着说:"你别为难,你照常去忙工作,家里的事我自然会料理好。"于是妈妈辞掉工作,毫不犹豫地承担起这个重担,把奶奶照顾得无微不至,却从不叫苦叫累,也从不嫌奶奶脏。有一次,我看见妈妈一直陪奶奶聊天,看奶奶躺累了,她就轻轻地帮奶奶按摩、捶腿、捏胳膊、翻身子,照顾得无微不至。奶奶的脸上现出满意而舒服的微笑,还自言自语:"我有一位孝顺的好儿媳,我是一位幸福的病人。"

【特点再析】

修改后的片段,增加了对人物的语言、动作、神态等细致描写,特别是选取了有一次我所看到的妈妈照顾奶奶的场面描写,不仅增强了语言的生动形象性,而且强化了母亲善良孝顺、任劳任怨的特点。事件中还增加了父亲这一角色,更加衬托出母亲善解人意的美德。

二、增加场面描写

【范例赏析】

孔乙己一到店,所有喝酒的人便都看着他笑,有的叫道,"孔乙己,你脸上又添上新伤疤了!"他不回答,对柜里说,"温两碗酒,要一碟茴香豆。"便排出九文大钱。他们又故意的高声嚷道,"你一定又偷了人家的东西了!"孔乙己睁大眼睛说,"你怎么这样凭空污人清白……""什么清白?我前天亲眼见你偷了何家的书,吊着打。"孔乙己便涨红了脸,额上的青筋条条绽出,争辩道,"窃书不能算偷……窃书!……读书人的事,能算偷么?"

——节选自鲁迅《孔乙己》

在这一段文字中,再现了孔乙己与酒客们对话的一个场面:孔乙己一到店,迎头撞上短衣帮的取笑,一个"排"字,写出了他在短衣帮面前固守尊严、掩饰窘态的心理状态。当听到有人说他偷东西时,孔乙己立刻"睁大眼睛"争辩,可见这是戳到了他的痛处。接下来,当有人证明他偷书挨打时,孔乙己"涨红了脸,额上的青筋条条绽出",并且争辩,这就充分表现出孔乙己内心羞耻,无地自容的内心感受。可见,这样的场面描写,对于层层剖白的内心来说,既形象又深刻。

【习作节选】

九年级初始,我变得非常忙碌。每天早晨六点钟起床,匆匆吃一点儿早餐就奔向学校开始一天的学习。一天里经历最多的就是做数学、物理、化学等理科练习题。中午的时间也顾不上休闲就赶快加入同学们三五成群组成的学习小组,互背外语和语文。晚上除了写作业,就是徜徉在题海中。我相信只要我这样努力坚持下去,就一定能取得好成绩。

【分析提示】

这段文字真实再现了九年级毕业班的生活状态,特别是对于"学习忙碌的状态"的介绍,非常清晰,有感同身受的效果。但是,整个段落语言多为叙述性,在通顺晓畅方面颇为见长,但在生动、优美等方面还可以进一步增加力度。

【修改示例】

九年级初始，我变得非常忙碌。每天早晨闹表唱歌被安排在"斗转星移天渐晓"的六点整，我会像机器人一样爬起来，匆匆吃一点儿早餐就奔向学校，开始了紧张的学习。一天里经历最多的就是做题。课间，刚写完数学卷子，满脑子还是几何图形时，就要进入化学式的海洋，被老师叫到讲桌前改化学错题。中午时间更短暂，顾不上休闲就要加入同学们三五成群组成的学习小组，组长一个外语单词接着一个外语单词进行检查，背得不熟的还要连背三遍。刚结束英语，就开始了语文文言文默写的检查时间，组长要求我们先口试再笔答，没有一点偷懒的空闲。晚上只要一写完作业，就得马上跳进"题海"，做得最多的还有我的薄弱科目——物理。学习结束时早已"窗前明月光"，这时我总会自语着鼓励自己："如此忙碌，仅仅是毕业班生活的开始呀！好的开始，是成功的一半。开端是希望的起点，沿着良好的开端努力坚持，就一定能一分耕耘一分收获。"

【特点再析】

修改后的片段，增加了早晨起床、中午学习、晚上复习的三个场面的精细描写。文字更加细腻的凸显出作者刻苦、勤奋的学习品质，也刻画出作者乐观、坚韧的性格特点；并且在"开端"的重要性方面更是增加了深刻性，给读者展望出良好开端之后的美好前景，与文段所揭示的生活哲理"好的开始，是成功的一半"紧紧相扣。

三、增加心理描写

在作文中，心理描写的作用一般表现在通过文字来展示人物的内心世界，表现人物的性格特征。作文中进行心理描写，首先要表现特定人物在特定环境中所产生的心理活动，最好是能针对情节关键处所产生的人物感情波澜，进行心理变化过程的描写。心理描写的方法有很多种形式，例如，内心独白、梦境、自言自语、幻觉，等等。

【范例赏析】

京京垂下头。他多么喜欢这个故事啊！他真想念一段，哪怕是几行字的那么一小段呢！他准能念好。朗读课文难道一定要唱歌的嗓子吗？

……

不，不是这样的。京京听着，在心里说，不是这样的。万卡不是个娇滴滴的小姑娘，他那时才九岁，一个人孤零零地在城里当学徒，吃不饱，还要挨打，他伤心极了，盼望爷爷去救他，他是在恳求，在哭诉，绝不该有这种撒娇的腔调。

……

"好吧。"他在心里想，"谁爱怎么读就怎么读，我不管了。"

……

他又站起来了，沙哑着嗓子，一字一句地、充满感情地念着这个动人的故事。他心里在想：等放了学，我一定要、一定要躲到那个小树林子里，给乡下的爷爷写一封信，一封长长的、像万卡写的那样的信。最后，我完完整整地写上爷爷家里的地址，我知道那个地址。

——节选自黄蓓佳《心声》

节选的文字主要是对主人公李京京的心理活动进行了描写，充分展现了孩子丰富的内心世界。当他的要求被老师拒绝后，"京京垂下头。他多么喜欢这个故事啊！他真想念一段，哪怕是几行字的那么一小段呢！他准能念好。朗读课文难道一定要唱歌的嗓子吗？"

表现了他执着、倔强的性格。当京京真诚地纠正同学朗读语气的错误时，同学们嘲笑他"妒忌"，他内心的委屈通过心理活动"谁爱怎么读就怎么读，我不管了"形象地表达出来，非常切合一个孩子的实际情况。最后他朗读时内心的起伏，更鲜明地表现出人物的性格特点和生活境况，让人感动。李京京的这些心理活动，都是在特定环境里产生的，他总是沉浸在过去幸福快乐的生活中，充分体现了李京京对乡下爷爷和小伙伴满怀的真挚情感。

【习作节选】

十六岁的生日礼物是妈妈送的一本《假如给我三天光明》，在书中我认识了海伦·凯勒，这是一位有坚定信念而不断追求自己梦想的盲人作家。很难想象，双目失明的她是如何跨越荆棘，在艰辛的努力中，学会五种语言，出版 14 部著作，这难道不是生命所创造的奇迹吗？在学习《陈涉世家》的时候，我也无限慨叹司马迁为信念而执着奋斗的一生，他面对铁窗、牢房、铁链、镣铐而忍受奇耻大辱，他没有抱怨，没有气馁，而是在痛不欲生中念念不忘心中的信念，他奋笔疾书，终在华夏五千年的历史上刻下《史记》。在历史的长河里，他们的生命是短暂的，但他们坚守信念的精神却深深地印在了我的心里，成为一种永恒的力量。十六岁，在成长中，因为与他们相识，我也多了一份坚定的信念。

【分析提示】

这段文字选取了海伦·凯勒和司马迁两个为信念而执着追求的例子，具有典型性。整个段落语言通顺连贯，并写出了自己的收获，突出表现了"心中有信念"所带给自己的影响力。修改时可以在记叙中穿插自己更多的内心活动，以突出典型事例带给自己的影响是深远的，这样就可以收到描写生动，而主题挖掘又很深入的写作效果。

【修改示例】

十六岁的生日礼物是妈妈送的一本《假如给我三天光明》,在书中我认识了海伦·凯勒,这是一位有坚定信念而不断追求自己梦想的盲人作家。我一口气读完整本书,却始终不舍得合上,我想:双目失明的她怎么可能跨越荆棘,在艰辛的努力中学会五种语言,出版14部著作?真是令我钦佩至极!我又想:是什么力量让她能如此努力?一定是因为在她的心底有一种信念,是信念为希望指明了方向。海伦·凯勒用生命创造了奇迹,也带着我一次又一次地陷入深深思考:为追寻理想而不懈努力,这是信念给予的一种推动力。我又重新翻开《陈涉世家》,想象着司马迁为信念而执着奋斗的一生,他面对铁窗、牢房、铁链、镣铐而忍受奇耻大辱,没有抱怨,没有气馁,而是在痛不欲生中念念不忘自己心中的信念,他奋笔疾书,终在华夏五千年的历史上刻下《史记》。我不禁感慨:是什么力量让他能如此坚持?一定是信念在他永驻了心底,是信念为成功导航!在历史的长河里,他的生命是短暂的,但他坚守信念的精神却深深印在了我心底,成为了一种永恒的力量。十六岁,在成长中,因为与他们相识,我也多了一份坚定的信念。我的内心不禁开始高歌:成长中多一份信念,即使身处逆境,也能帮助你鼓起前进的船帆;即使遇到险阻,也能召唤你鼓起前行的勇气,信念在心中永驻,就一定能收获振翅翱翔的勇气!

【特点再析】

修改后的片段,增加了三次心理活动的描写,细致描写出海伦·凯勒、司马迁带给自己的内心思考,并写出了这种思考在成长中的意义。三次心理活动的描写,细致描摹、逐层深入,更加突出了信念在生活中对自己的影响,强化了对事例内涵哲理、实际意义的深刻挖掘,突出表现了信念带给自己的力量。

四、增加环境描写

【习作节选】

生活中的诗意常常伴随着幸福的体验。还记得那是一个倾盆大雨的下午,放学后我背着书包,茫然地站在教学楼门口。一把雨伞突然遮挡在我的头上,紧跟着又有一件夹克披在了我的肩上。我回头一看,原来是班主任李老师,她熟悉的声音响在我的耳畔:"我有一把备用雨伞,借给你先用吧。"一瞬间,一股暖流涌进我的内心深处,温暖驱走了我身上的寒意。

【分析提示】

这段文字简洁而生动地记叙了一件令自己有幸福体验的生活小事。记叙中能抓住"温暖"来体现"雨中"的美好,在朴素的选材中饱含着作者的真情实感。如果能更加突出描写天气的恶劣,增强"寒冷"与"温暖"的对比,就一定能更加自然地表达出内心"茫然"与"激动"两种情感的对比效果。

【修改示例】

生活中的诗意常常伴随着幸福的体验。还记得那是一个放学后的下午,天边出现了一道长龙似的闪电,"哗"的一声,大雨就铺天盖地地从空中倾泻下来,雨点迅速连在一起像一张网,挂在我眼前。我背着书包,茫然地站在教学楼门口,一阵冷风夹着雨点吹打在脸上,我双手紧紧抱着两臂,尽力地想抵御住突然降温带来的寒冷。突然,一把伞遮挡在了我的头上,紧跟着又有一件夹克披在了我的肩上。回头一看,原来是班主任李老师,她熟悉的声音同时响在我的耳畔:"我有一把备用雨伞,借给你先用吧。衣服先穿回家,别冻感冒了!"一瞬间,老师的笑容和这把印着绿花的雨伞,这件普普通通的素色夹克都成为了雨中最美丽的风景。一股暖流涌进我的内心深处,温暖驱走了我身上的寒意。

【特点再析】

修改后的片段,增加了对暴雨天气的环境描写:闪电、雨点、凉风,这些渲染即刻就把降温和站在校门口的茫然生动地表现出来。"老师的笑容和这把印着绿花的雨伞,这件普普通通的素色夹克都成为了雨中最美丽的风景。"这份雨中的"诗意",自然而然地表达出作者内心温暖而又美好的感受,进一步增强了真情实感的效果。

五、增加对话描写

"对话"不能简单地理解为语言描写,"对话"强调作文中人物之间的说话交流。"言为心声",写好对话,不仅可以显示出人物的性格特征,而且有利于推动故事情节的展开,更加鲜明深刻地表现文章的中心。"对话描写"并不是"对话实录",把人物之间的对话全部记录下来,而是需要选择其中有意义的内容,进行加工创作以表现人物的思想、感情、愿望,等等。

"对话描写"要注意人物的语言要符合人物的年龄和身份,例如,孩子与父母之间的对话,要注意语气的不同,要符合身份的特点。母亲教育孩子,如果说话特点过于老态龙钟,就很有可能被人误解为是祖辈了。

在进行"对话描写"的时候,也可以配以描写人物的动作神态等内容,以增强对话描写生动的效果。"对话描写"的形式比较灵活:提示语在前、提示语在后、提示语在中间、没有任何提示语。这几种都是非常实用的对话描写的形式,选择哪一种要根据作文内容的实际情况来定夺。

【范例赏析】

等我把2法郎交给父亲,母亲诧异起来,就问:"吃了3个法郎？这是不可能的。"

我说："我给了他 10 个铜子的小费。"

我母亲吓了一跳,直望着我说:"你简直是疯了!拿 10 个铜子给这个人,给这个流氓!"她没再往下说,因为父亲指着女婿对她使了个眼色。

——节选自莫泊桑《我的叔叔于勒》

这是一段母子之间的简短对话,却蕴含了丰富的内容:我将十个铜子的小费放在于勒手中,却被母亲质疑。在对话中,足以表现出"我"这个叙事者对于勒叔叔的同情,其实这样的对话也充满了莫泊桑的理想和希望。又足以体会到菲利普夫人为这些小费所花费的金钱,内心的疼痛感:在游船上与穷困潦倒的于勒相遇时,逃避成为唯一选择。这确实是冷酷无情的做法,但是若不这样选择,就会给生活带来很多麻烦。由此就能够通过小人物的辛酸,显现出资本主义社会人与人之间的关系。

【习作节选】

成长的路上,每一个困难都是挑战,每一次挫折都是机遇。还记得那一次我参加演讲比赛,即将开始的时候,我在幕后偷偷往下看,第一排正中间坐着好几位评委老师,整个礼堂坐满了学生。吓得我心里紧张得像揣了小兔子,怦怦直跳。我暗暗告诉自己:"只有冷静而勇敢地走上台去,我才有可能顺利完成演讲。"这一次比赛,我发挥得特别顺利,同学们热烈而多次的掌声对我是最大的奖励,让我懂得:"成长路上无捷径,只有心中装满勇气和自信,努力向前冲,才能找到通往成功彼岸的金钥匙。"

【分析提示】

这段文字选取了作者自己参加演讲比赛的一段经历,突出成长路上需要的是"勇气和自信",需要有"努力向前冲"的进取精神,在真情实感的表现上很有特色。从整个段落的结构安排来看，比较充分的心理描写，为叙事增强了生动表达的效果。如果可以综合运用多种描写方法，就能进一步强化这一效果。

【修改示例】

成长的路上，每一个困难都是挑战，每一次挫折都是机遇。还记得那一次我参加演讲比赛，即将开始的时候，我在幕后偷偷往下看，第一排正中间坐着好几位评委老师，整个礼堂坐满了学生。吓得我心里紧张得像揣了小兔子，怦怦直跳。"哎呀！"吓得我不禁喊出了声，还连着倒退一大步。顿时，就出了一身冷汗。我前面的比赛选手都发挥得特别好，这就更增加了我的紧张程度。"冷静而勇敢地走上台去，你一定可以顺利完成演讲。"一回头王老师正站在我的身后，这鼓励的声音一下子穿透我的内心，带给我一种勇气。这一次比赛，我发挥得特别顺利，同学们热烈而多次的掌声见证了我多日来的勤奋努力。王老师又一次站在我面前，语重心长地拍着我的肩膀告诉我："成长路上无捷径，只有心中装满勇气和自信，努力向前冲，就永远不是逃兵。"望着老师那充满希望的眼睛，我的内心也涌起一股力量：一朵花，不经历风吹日晒，怎能绽放出美丽的生命？一棵树，不经历雨打霜寒，怎能扎根于泥土？一个人，不经历挫折的历练，怎能有收获的硕果？如果因为一点点挫折就放弃，我们只能做挑战的手下败将，而与收获的喜悦擦肩而过，也必将一事无成。走在成长的阳光大道上，勇敢面对困难，乐观挑战挫折，才是通往成功彼岸的金钥匙。

【特点再析】

修改后的片段，首先保留了心理描写的特色，特别是从自然界中"花""树"的成长入手，说到人的成长经历，自然贴切，进一步增强了心理活动生动描写的表现力。语段中，还增加了对人物语言、动作、神态等方面的描写,强化了自己对挑战困难的感悟,更加真实地表现出自己内心渴望战胜困难、获得成功、体验成长喜悦的心理变化。

六、增加对比描写

俗话说"见高山,知平地。"这就是"对比"描写的作用。事物的特点往往是在比较中得到突出的彰显。对比描写是作文重要的表现手法之一,可以通过对不同的人、事、景、物在同一时空范围内各自特点的对比性描述,突出其特色,也称为横向比较。也可以通过对同一人、事、景、物在不同时空范围内的具体表现进行对比,突出其变化,也称为纵向比较。在作文中恰当使用对比的手法,能使文章内容重点突出、材料丰富、中心明确。

【范例赏析】

在苍茫的大海上,狂风卷集着乌云。在乌云和大海之间,海燕像黑色的闪电,在高傲地飞翔。

一会儿翅膀碰着波浪,一会儿箭一般地直冲向乌云,它叫喊着,——就在这鸟儿勇敢的叫喊声里,乌云听出了欢乐。

在这叫喊声里——充满着对暴风雨的渴望!在这叫喊声里,乌云听出了愤怒的力量、热情的火焰和胜利的信心。

海鸥在暴风雨来临之前呻吟着,——呻吟着,它们在大海上飞窜,想把自己对暴风雨的恐惧,掩藏到大海深处。

海鸭也在呻吟着,——它们这些海鸭啊,享受不了生活的战斗的欢乐:轰隆隆的雷声就把它们吓坏了。

蠢笨的企鹅,胆怯地把肥胖的身体躲藏到悬崖底下……只有那高傲的海燕,勇敢地,自由自在地,在泛起白沫的大海上飞翔!

——节选自高尔基《海燕》

节选的这段文字,生动地展现出"海燕像黑色的闪电在乌云和大海之间高傲飞翔"的画面。在这个画面中,与海燕形成鲜明对比的,还有海鸥、海鸭、企鹅等其他海鸟。文章抓住它们的声音、行动、情态,状写它们惊恐万状的丑态,以突出表现海燕非凡的勇气和威猛的形象。通过对比,立刻就比出了崇高与卑下,伟大与渺小,海燕的形象更为光辉夺目、撼人心魄。

【习作节选】

自古以来,我们就珍藏着一幅和谐的画卷:春秋战国时期,赵国大将廉颇嫉妒同朝为官的蔺相如,并处处刁难蔺相如,蔺相如不但没有记恨在心,还敞开宽广的胸怀包容了廉颇,最终,廉颇用负荆请罪表示了自己真诚的歉意,两人共同唱响"和气歌",才有了赵国的长治久安。让和谐画出一幅美丽的画卷,需要彼此都能交换一颗真诚的心灵。试想,如果没有蔺相如的"宰相肚中能撑船",也没有廉颇"甘愿屈大将之身的诚恳",又怎能有"将相和"的千古颂歌?让和谐走进社区,我们一定能看见这样的画面:邻里之间在楼道偶遇,彼此开开心心地打招呼;碰到需要帮助的时候,一定会伸出热情地援助之手,共同演绎着心与心之间的尊重、诚信、关爱、理解、宽容、真挚、奉献……

【分析提示】

这段文字选取了在构思时把"和谐"和"美好感受"有机结合起来,深刻挖掘了生活中的和谐元素是"尊重、诚信、关爱、理解、宽容、真挚、奉献"等一系列人与人之间最美好的情感。语段中选用了大家熟悉的"将相和"的故事,大大增强了生活需要"和谐"之氛围的说服力。修改时,可以通过对比描写,更加充分地表达出自我真情实感。

【修改示例】

还记得那样的画面吗?在小区的林荫道上,每次碰到熟悉的邻居,大家都会彼此陌生地擦肩而过。其实,自古以来我们就珍藏着一幅和谐的画卷:春秋战国时期,赵国大将廉颇嫉妒同朝为官的蔺相如,并处处刁难蔺相如,蔺相如不但没有记恨在心,还敞开宽广的胸怀包容了廉颇,最终,廉颇用负荆请罪表示了自己真诚的歉意,两人共同唱响"和气歌",才有了赵国的长治久安。让和谐画出一幅美丽的画卷,需要彼此都能交换一颗真诚的心灵。试想,如果没有蔺相如的"宰相肚中能撑船",也没有廉颇"甘愿屈大将之身的诚恳",又怎能有"将相和"的千古颂歌?记忆中,也有一幅真实的画面:那是夕阳西下的一个傍晚,通红的晚霞照耀着整个西天,就像给它轻轻披上了一件薄薄的红纱。刚一走进小区的大门,我就看见一位阿姨一手提着购物袋,一手提着水桶,里面好像有很沉的东西,还不时散发出腥味。"怎能乱倒垃圾!"我不自觉地跟了上去。正当我要上前阻止的时候,只见阿姨从购物袋里拿出一个塑料盆,把桶里的"垃圾"倒了进来。不一会,一只流浪猫从远处跑来,紧接着又一只流浪猫加入"抢食"的队伍,很快就聚集了十来只,它们把盆里的食物一抢而空。阿姨立刻又倒上了一盆,前后倒了三次,"猫队伍"终于"吃饱喝足",它们不约而同地抬头看着阿姨,有的喵喵叫,有的摇尾巴,好像是在表示自己的感激之情,然后又各奔东西跑走了。我的心被这一情景久久震撼着,这是生活中一幅多么美丽的"和谐画卷"呀!让和谐走进社区,我们一定能看见这样的画面:邻里之间在楼道偶遇,彼此开开心心地打招呼;碰到需要帮助的时候,一定会伸出热情地援助之手,共同演绎着心与心之间的尊重、诚信、关爱、理解、宽容、真挚、奉献……

【特点再析】

修改后的片段,增加了邻里之间从"冷淡"到"和谐"的对比性描写,还增加了阿姨喂养流浪猫的一段场面描写,为强化对比的效果做了充分的铺垫。在悬念迭起的曲折情节中,突显了"和谐画面"的震撼力,给读者留下了深刻的印象,主题深化也随之自然而然。

他山之石

我融入,我快乐

我喜欢苏轼笔端下"庭下如积水空明"的夜景,和他一起体会与友同游的闲情之快乐;我喜欢曹操吟咏的"星汉灿烂,若出其里"的海色,与他一起体会胸怀四海的豪情之快乐。生活中,也有许多美丽的景色,令我融入其中,不由自主地发出慨叹与赞美,畅游在无比快乐的体验中。还记得那一次夕阳西下……

我漫步在河边的小路上,脚下的泥土松松软软,踏上去舒服极了。我突然发现眼前的泥土被幽幽的黄光所覆盖,就像披上了一层金丝缕衣。抬起头来,我愣住了:远方的夕阳映得云彩发红,发黄,隐隐透露出淡淡的七彩光芒。不一会儿,晚霞的颜色就开始越变越深,犹如一座倒扣的火山,源源不断的喷涌出火红的"岩浆"。融入在这壮阔的景象里,我不由得赞叹不已:火红的夕阳如滴入水池的墨,迅速渲染了大片的天空,这就是大自然神奇的力量!夕阳把耀眼的光芒流泻到屋顶上,流泻到大地上,流泻到小河中,也流泻到我的身上,融入进我的心里。我不禁快乐地哼起小曲儿,用手机记录下这奇丽的景象,也把一份赞美融入其中。收起手机,我的眼神不经意地向小路尽头看去,那里有一个人影正走来走去,表现出吃力的样子。我好奇地快走几步,原来是位六十多岁的爷爷正在路边摆放散乱的共享单车。我的心中顿时生出一丝敬意,他那佝偻的背影显得无比高大。我赶紧跑到爷爷身边,接过他手中的单车,搬到道旁摆放整齐,再看看老人,他的脸上露出笑容,说:"小伙子,谢谢你。""很快乐融入您的行列。"我一边回答,一边又扶起一辆倒地的小黄车,并把它搬了过来,连摆几辆后,我已气喘吁吁。正靠着一辆单车休息时,我又看到十几米外的树旁斜倚着一辆小黄车,心生疲惫的我犹豫了一下,又强打精神快步走去,我一手摆正车把,一手微托起车座,抬到人行道边摆好……夕阳接近尾声,火红的光线照射在排排整齐的单车上,呈现出一种难以言说的美丽。置身美景,我的心底不觉生出快乐。

蓦然回首,有许多事值得我们去欢欣,去快乐:融入优美的景色,我感到平和的快乐;赢得重要的比赛,我感到激动的快乐;享受学习的生活,我感到友谊的快乐……生活中,我们常常会有各种各样的快乐,融入其中,好像游鱼放入大海,能游出自由的快乐;融入其中,好像小树扎进深林,能长出生命张力的快乐;融入其中,好像学者走进书馆,能学出充实的快乐。正是因为融入,育成了这无尽的快乐。

【评语推荐】

这篇作文,选取了作者的一段亲身经历,读来令人倍感亲切。全文生动地描写了夕阳下美丽的景色、老爷爷摆单车、我帮爷爷买单车等几个场面,衔接自然连贯,中心突出。描写中,作者通过自己的精细观察,运用动静结合的写法,强化了内容的丰富性,为文章增添了生动表达的效果。

实践体验

【文题1】

岁月匆匆,十五六岁的我们已走进花一样的季节,站在由少年走向青年的门槛上。清点行囊,我们会发现自己多了一分成熟,少了一分幼稚;多了一分思索,少了一分盲从;多了一分宽容,少了一分偏激;多了一分行动,少了一分幻想;还多了一分责任、理想与憧憬……我们的行囊变得沉甸甸的,我们的道路正在向未来延伸。请你以"十六岁,我多了一分_____"为题,写一篇不少于600字的文章,文体不限,诗歌除外。

【描写练笔】

_____
_____
_____
_____

【文题2】

一只麻雀总是嫌自己的屋子住不长时间就有一股难闻的味道,于是就不停地换窝。年长而又聪明的麻雀告诉它:"那味道恰恰是从你自己身上散发出来的。"

一只乌鸦向鸽子抱怨:"这个地方的居民很难相处,我只好飞到别的地方去。"鸽子好心地告诉乌鸦:"你如果不改变自己的声音,飞到哪里也是白费力气。"

请你根据自己读后的感悟和联想,写一篇不少于600字的作文,题目自拟,立意自定,文体不限,诗歌除外。

【描写练笔】

_____
_____
_____
_____

【文题3】

"挥手自兹去"出自李白《送友人》,意思是"挥挥手,从此离开"。粗读,平淡无奇;细品,意蕴丰厚。《孤独之旅》中,杜小康战胜孤独,走向成熟,告别原来的自己,挥手自兹去;《最后一课》里,小弗朗士幡然醒悟,悄然蜕变,远离过往的生活,挥手自兹去……"挥挥手,从此离开"的,也许是一个人,一个地方,一段时光;"挥挥手,从此离开"时,或许有一点无奈、一丝洒脱、一份期待……请以"挥手自兹去"为题,写一篇不少于600字的作文,文体不限,诗歌除外。

【描写练笔】

话题九：

积土而为山，积水而为海
——好结尾，收全尾

要求直通车

作文的结尾是全文极其重要的一个部分，古人讲写作章法，说好的立意需要有一个"豹尾"，意思是说结尾讲究精彩有力。如果文章开篇不凡，主体内容也较为精彩，而收尾平平，就会造成作文整体虎头蛇尾的现象，越读越无味。出色的作文结尾，要有发人深省的作用，能够更加深入、更加透彻地表达自己创作的意图，唤起读者的思考与共鸣，留下无限遐想的余地，具有较强的感染力。

一般说来，作文结尾比较容易出现的毛病是：在结尾处为表明自己的态度而空喊口号；为了表现出升华感悟说一些与前文无关的话；结尾意思已经明了，还啰啰嗦嗦、拖泥带水未收盘。"一篇之妙，在乎落句"。出色的作文结尾，一般要遵循三个原则：

整体性，作文结尾要与全文成为有机整体；

指向性，作文结尾要直接指向文章主题；

简洁性,作文结尾要简短有力,令人回味。

一篇好的作文结尾,要从若干方面进行综合考虑:

第一,从全文结构的角度考虑,要使记叙的事件清楚完整,收束全文。

第二,从创作意图的角度考虑,以求更好地表达文章立意,主题鲜明。

第三,从思想意义的角度考虑,力求收到发人深思,耐人寻味的成效。

第四,从新颖构思的角度考虑,结尾简练、生动,一气呵成而恰到好处。

古人说:"好的结尾,有如咀嚼干果,品尝香茗,令人回味再三"。如果一篇作文的结尾有利于揭示文章的主题,并且有利于凸显文章的结构,那么一定会因为精彩而产生"言尽意无穷"的效果,读之就像欣赏一段美妙的乐章,一曲终了,余音却依然缭绕。

【文段节选】

北京的早春,找不到像她们的南印度故乡那样的丰满芬芳的花朵,我们只能学她们的伟大诗人泰戈尔的充满诗意的说法:让我们将我们一颗颗的赞叹感谢的心,像一朵朵的红花似的穿成花串,献给她们挂在胸前,带回到印度人民那里去,感谢他们的友谊和热情,感谢他们把拉克希曼姐妹送来的盛意!

——节选自冰心《观舞记》

【解析】

冰心《观舞记》的这一结尾,语段简洁、言简意赅,作者用精妙的语言真诚地表达了对卡拉玛姐妹的感激和赞美之情。同时也揭示了"民族艺术之根一定会扎根在本民族的文化土壤中"这一深刻内涵。

方法点拨

一、出人意料式

"出人意料"的作文结尾,有既出乎人的意料又符合生活实际、在情理之中的效果。这样的结尾往往因为"转折跨度超越了人的一般认知思维"而意味深长,情节就更显曲折有致,内容也更加丰富多姿,深化主题。

【文段节选】

两颗晶亮的泪珠从京京眼睛里涌出来,"叭嗒"一声落在手里的讲义上,声音那么响,把他自己都吓了一跳。他立刻停止了朗读,惊慌地往四下里看了看,还好,没有人在笑话他,大家的神情都那么专注和认真。他稍稍地松了口气,这才发现,自己早已经念过了赵小桢的那一段,几乎把周海的一段也念完了。他想跟程老师道个歉,请老师原谅,可是心里难受得要命,什么话也说不出来。这个小小的可怜的"万卡",不知不觉中把他的魂儿都抓走了。老天爷,写故事的人真有本事!

他叹了口气,悄悄地坐了下来。教室里一片寂静,静得能听见赵小桢轻轻抽泣的声音。过了好一会儿,程老师从讲台上走下来,走到他面前,声音发颤地说:"李京京,请你……把课文全部读完吧。"

他又站起来了,沙哑着嗓子,一字一句地、充满感情地念着这个动人的故事。他心里在想:等放了学,我一定要、一定要躲到那个小树林子里,给乡下的爷爷写一封信,一封长长的、像万卡写的那样的信。最后,我完完整整地写上爷爷家里的地址,我知道那个地址。

——节选自黄蓓佳《心声》

【分析】

这一个结尾,是出乎常规思维之外的,一般大家的阅读都会集中在"李京京读完课文"这一条思维线上。而作文却出人意料地设计了"李京京心想等放了学,一定要躲到小树林子里,给乡下的爷爷写一封信"这一个结果上。事件突转,不仅具有很强的感人意味,还使小说的内涵更加丰富、韵味十足。

二、自然收束式

一篇作文的主体内容写完,不去刻意设计有哲理、象征性的结尾,而是自然而然地收束全文,干净利落、不蔓不枝,这就是"自然收束"式的结尾。但是,自然收束式的结尾,并不意味着结尾可以随心所欲,马虎草率。相反,必须要顺着文章的行文思路与结构安排,自自然然地结束全局。

【文段节选】

他所改正的讲义,我曾经订成三厚本,收藏着的,将作为永久的纪念。不幸七年前迁居的时候,中途毁坏了一口书箱,失去半箱书,恰巧这讲义也遗失在内了。责成运送局去找寻,寂无回信。只有他的照相至今还挂在我北京寓居的东墙上,书桌对面。每当夜间疲倦,正想偷懒时,仰面在灯光中瞥见他黑瘦的面貌,似乎正要说出抑扬顿挫的话来,便使我忽又良心发现,而且增加勇气了,于是点上一枝烟,再继续写些为"正人君子"之流所深恶痛疾的文字。

——节选自鲁迅《藤野先生》

【解析】

这一个结尾,自然收束了"我与藤野先生交往的经历"这一段课文的主要内容,结构完整,无任何画蛇添足、拖泥带水的冗长之感,自然而然地表达出自己对藤野先生那一份深情厚意,收到了尽意而情未尽的效果。

三、卒章显志式

"志"就是指文章的主题、中心。在文章结束时,以内容为依托,用简洁的语言,明确表达出全文主题思想,交待清楚写作意旨,这种结尾方法称为"卒章显志",也叫"篇末点题"。恰当运用这种手法可以增加文章的深刻性、感染力和结构美,有"画龙点睛"的艺术效果。例如,习作《这也是考试》的结尾:这件事已经过去很久了,但始终印刻在我的心里而无法忘怀,这次特殊的考试,时时刻刻告诫我:知识容不得半点虚假,在追寻知识的道路上,切忌片面、自满、半途而废,要始终保持一份清醒的认识,锲而不舍。唐代杰出的现实主义大诗人白居易在《新乐府序》中说:"首句标其目,卒章显其志。"在文章结束时,作者将要表露的胸怀、志向很自然地说出来,不仅可以增强作品的深刻性、感染力,而且能给读者以积极的影响。

【文段节选】

我在蒙胧中,眼前展开一片海边碧绿的沙地来,上面深蓝的天空中挂着一轮金黄的圆月。我想:希望是本无所谓有,无所谓无的。这正如地上的路;其实地上本没有路,走的人多了,也便成了路。

——节选自鲁迅《故乡》

【解析】

这一个结尾一语双关,意思是空有希望不去奋斗,那希望也就"无所谓有",而如果为了希望去奋斗,那希望也就"无所谓无",启发人们为创造新生活勇敢地开辟道路,全文主题在此得到升华。告诉我们"如果人们都为了希望去奋斗,那么就能实现自己的希望,实现自己的理想,迎来美好幸福的新生活",揭示出"希望之路是走出来的路，是实践出来的路，是探索得来的路"这一道理。结尾深化文章主题的意味显而易见，带给读者以鼓舞与信心，同时告诫我们：一个人要能为了追求新生活而去奋斗与实践。

四、呼应开头式

结尾呼应开头是写作手法的一种表现形式，指的是文章的结尾与开头表达了相同意思，互相照应，即：文章开头所提到的某内容，结尾时继续再提，彼此形成呼应。首尾呼应的作用：可使全文结构更加严谨、浑然一体，内容更加完整、内涵深刻。需要注意的是，结尾与开头的呼应，不是简单重复开头的语句，而是通过呼应最为关键的核心词句，起到强化主旨的作用，从而给读者留下深刻印象，启迪心智。

【文段节选】

近几年来，父亲和我都是东奔西走，家中光景是一日不如一日。他少年出外谋生，独力支持，做了许多大事。哪知老境却如此颓唐！他触目伤怀，自然情不能自已。情郁于中，自然要发之于外；家庭琐屑便往往触他之怒。他待我渐渐不同往日。但最近两年的不见，他终于忘却我的不好，只是惦记着我，惦记着我的儿子。我北来后，他写了一信给我，信中说道："我身体平安，惟膀子疼痛厉害，举箸提笔，诸多不便，大约大去之期不远矣。"我读到此处，在晶莹的泪光中，又看见那肥胖的、青布棉袍黑布马褂的背影。唉！我不知何时再能与他相见！

——节选自朱自清《背影》

【解析】

这一个结尾，呼应了开头"我与父亲不相见已二年余了，我最不能忘记的是他的背影。"与开头构成完美的整体，使作文看起来结构紧凑、浑然融合。在读父亲来信的过程中,自然流露出不能自已的思念之情,与文章开头呼应,把父子之间的真挚感情表现得淋漓尽致。

五、议论抒情式

在结尾处抒情议论的恰当使用,能使感情更浓厚,思想更深刻,主旨更鲜明。使用议论抒情的表达方式收束文章,能够充分表达作者心中的情愫,激起读者情感的波澜,引起读者的共鸣,有着强烈的艺术感染力。例如,习作《感谢》的结尾:亲爱的爸爸妈妈:感谢你们赋予我生命,赋予我力量,赋予我幸福的感受。每当我想品味一缕稻香的时候,你们就会辛勤耕耘,送给我一片丰收的麦田;每当我想放飞心灵体会成长的快乐,你们就会为我遮挡云霾,送给我一片湛蓝的天空。让我怎样感谢你们,我亲爱的爸爸妈妈? 有一种感觉叫做幸福,有一种感谢叫做理解。幸福的我理解你们满怀的期望,成长的路上我会倍加努力,感谢你们最无私的爱! 这一结尾有着强烈的抒情味道,把自己感恩父母的情感寄于字里行间,写出了自己的情感升华和理性思考。可见,"议论抒情"式的结尾,油然而生真情,带给读者以真实感、充分感,其深化文章主题、点明加深创作意义等作用自然成为全文的点睛之笔。

【文段节选】

我曾屡次发现,每当我感到前途茫茫而灰心丧气时,只要记起很久以前我在那座小悬崖上所学到的经验,我便能应付一切。我提醒自己,不要想着远在下面的岩石,而要着眼于那最初的一小步,走了这一步再走下一步,直到抵达我所要到的地方。这时,我便可以惊奇而自豪地回头看看,自己所走过的路程是多么漫长。

——节选自莫顿·亨特《走一步,再走一步》

【解析】

《走一步,再走一步》的结尾,主要是通过议论的表达方式,写出了自己体会到的人生哲理:一座悬崖就像人生道路上的许多困难一样,对待它,不能畏难怯步,要冷静地分解困难,一步一个脚印,循序渐进,坚持到底。这样,才能促使困难向胜利转化,变小胜为大胜。分析这个结尾的作用,我们还可以看到生活中总有一些经历在一个人的成长中,意义很非凡。把这些经历所带来的审美感受、哲理思考总结出来,就是通过议论与抒情的方式,对作文主体进行了画龙点睛。

六、情景渲染式

在文章结尾处通过描写再现一段情景来收束全文,有渲染氛围,增添画意,突出文章的中心,增强其感染力,烘托人物心情等作用,能收到"曲终人不见,江上数风青"的效果。例如,习作《心中的阳光》结尾:风停了,雨住了,一缕阳光透过树枝间的缝隙洒在我的身上。雨后的阳光并不是很耀眼,不似旭日一样金黄,也不似落日一般通红。我抬起头寻着那阳光的方向,树枝上滴下来的水珠被太阳一照,瞬间就变成了一颗颗五光十色的珍珠。那明净、透亮的天空,就像一只大鸟张开了自己丰满的翅膀,全是白色羽毛般薄薄的浮云。每一片白云,又像绣在浅蓝色纱巾上洁白的花朵,形态各异而然干净透明。我的心里也随之豁亮起来,对学习疲劳的抱怨瞬间烟消云散,我的内心已经住进一束阳光,为我照明了前行的方向。这一结尾,通过对雨后阳光、蓝天、白云等景物的描写,表现了作者内心的变化,烘托了内心充满希望的喜悦之情,情景合一。

可见,文章结尾处的景物描写,不是为了描写而描写,也不仅仅是为了增强语言优美表达的效果,而一定是有某种作用的,或寄托一种情思,或象征一种情态,或表达一种含义,或突现一种情境。

【文段节选】

古老的济南,城里那么狭窄,城外又那么宽敞,山坡上卧着些小村庄,小村庄的房顶上卧着点雪,对,这是张小水墨画,也许是唐代的名手画的吧。

那水呢,不但不结冰,倒反在绿萍上冒着点热气,水藻真绿,把终年贮蓄的绿色全拿出来了。天儿越晴,水藻越绿,就凭这些绿的精神,水也不忍得冻上,况且那些长枝的垂柳还要在水里照个影儿呢!看吧,由澄清的河水慢慢往上看吧,空中,半空中,天上,自上而下全是那么清亮,那么蓝汪汪的,整个的是块空灵的蓝水晶。这块水晶里,包着红屋顶,黄草山,像地毯上的小团花的灰色树影。这就是冬天的济南。

——节选自老舍《济南的冬天》

【解析】

结尾以轻快、自然的笔调描绘了济南的冬天,在济南冬天的小雪、水、水藻、垂柳、天空等景物中,寄予了作者对济南冬天的喜爱之情,表达了作者对济南这座城市的热爱,也进一步表现出作者热爱大自然,热爱生活,热爱生命的生活情操。语言优美而意境悠远、情志绵长。

七、警句升华式

在结尾处引用名言、警句、诗词、谚语等,对深化主题有着明显的作用,既能显示出作者开阔的知识面、文学性,又能增强全文的总结力度,起到进一步突显哲理感悟、意味深长的作用。习作《坚守》的结尾:"优等的心,不必华丽,但必须坚固。"毕淑敏的这句话一直让我铭记在心。做好一件事,首先需要的就是排除一切纷扰,坚守一种信念。习作《令我尊敬的人》的结尾:我尊敬"安能摧眉折腰事权贵"的李白,也尊敬"不为五斗米折腰"的陶渊明,这些文人墨客用自己的精神品质为历史留下了一曲曲人间正气歌,我尊敬他们,尊敬他们心灵生出的傲然正气。这样的结尾,引用名言警句,含义深刻、发人深思,揭示了某种人生的真谛。可见,在文章结尾,用三言两语表述出含意深刻而耐人寻味的内容,能够深深印在读者的心中。

【文段节选】

宇宙是一个大生命,我们是宇宙大气中之一息。江流入海,叶落归根,我们是大生命中之一滴,大生命中之一叶。在宇宙的大生命中,我们是多么卑微,多么渺小,而一滴一叶的活动生长合成了整个宇宙的进化运行。要记住:不是每一道江流都能入海,不流动的便成了死湖;不是每一粒种子都能成树,不生长的便成了空壳!生命中不是永远快乐,也不是永远痛苦,快乐和痛苦是相生相成的。好比水道要经过不同的两岸,树木要经过常变的四时。在快乐中我们要感谢生命,在痛苦中我们也要感谢生命。快乐固然兴奋,苦痛又何尝不美丽?我曾读到一个警句,是"愿你生命中有够多的云翳,来造成一个美丽的黄昏"。世界、国家和个人的生命中的云翳没有比今天再多的了。

——节选自老舍《谈生命》

【解析】

这篇散文的结尾,引用《谈生命》的结尾警句"愿你的生命中有够多的云翳,来造成一个美丽的黄昏","云翳"喻指丰富多样的经历、体验;"美丽的黄昏"喻指人活到一定的年龄,或者说到了老年,具有无限感慨又感到幸福和欣慰的景况。这一个结尾,通过引用名言警句,揭示了生活哲理:人的一生有丰富多样的经历才真正体验到人生的美好;或者说人生应该经历幸福和痛苦,快乐和悲哀,只有某种单一的经历是不够的。显然,通过引用名言警句进行说理,内涵丰富而意味深远。

他山之石

那一份亲情,令我陶醉

亲情就像一缕阳光,因为播种温暖尝到甜蜜;亲情又像一场甘霖,因为沐浴关怀让我倍觉幸福。亲情,是世间最圣洁、最美好的感情,在我心中一直铭记着一份美好的父爱亲情……

去年暑假,当我得知中考体测还有 800 米这道难关时,看看自己略胖的身材,心里为了难。爸爸笑着和我约定:"提前动手准备,每晚 8 点钟陪我一起下楼跑步。"一个闷热的晚上,爸爸加班回来晚了,顾不上吃晚饭就换上运动鞋准备下楼,我两次三番申请休息一天,爸爸却严肃地说:"做一件事,一旦开始,就要坚持,生活中有许多事情,不是看到希望才去坚持,而是因为坚持才会看到希望!"我不情愿地跟着爸爸的背影往前跑:微驼着身子,厚厚的肩膀,脑后日渐稀疏的头发,手里攥着一个毛巾,不时地擦着头上和脖子上流下的汗水。我的脑海突然浮现出朱自清《背影》中动人的画面,再看看爸爸跑得气喘吁吁的背影,不也同样如此动人吗?瞬间,一股暖流涌遍我的全身,这就是父爱,没有华丽的装扮,却让我如此陶醉。顿时,我疲惫的脚步又重新注满力量,我加速追上爸爸,感谢父爱这份全身心的支持,伴我更加坚强、更加自信地成长。

永远忘不了爸爸那语重心长的声音,那是镌刻在我心中充满力量的精神支撑。寒假前的 800 米模拟考,依然不理想的成绩让我的心沉到谷底。"没信心啦?""嗯。"我无力地回答。"这几个月,咱们练习的是能跑完全程,下一步再开始练速度,爸爸相信你一定能战胜这点困难!"说着他就递过来一本书。我接过一看,是汪国真的诗集《热爱生命》,扉页上爸爸用红笔标画着诗句:"不去想是否能够成功,既然选择了远方,便只顾风雨兼程……"我的心一下子被感动了,品味着爸爸的期望与鼓励,我深深地陶醉其中,感谢老爸,在成长的路上,带给我太多前进的动力。

永远忘不了爸爸那喜悦的眼神, 那是融化在我心中温暖的情意。今年 4 月,我以 3 分 16 秒的好成绩取得体测满分。爸爸听到后,眼睛里泛出喜悦的光彩,嘴里一个劲儿地夸奖:"真好,女儿真棒!"望着爸爸挂满微笑的脸庞,我不禁又想起汪国真的诗句"不去想未来是平坦还是泥泞,只要热爱生命,一切都在意料之中!"感谢父爱,带领我在成长的路上,找到了前行的方向。我豁然明白——这就是亲情,爸爸给予的这份亲情,我陶醉其中。

冰心说过:"亲情是一种深度,亲情是一种没有条件,不求回报的阳光沐浴。"是呀,亲情就像一缕春风,因为传递温暖而让我深深感动。感谢老爸,总是让我陶醉于他那份浓浓的亲情之中……

【评语推荐】

这篇作文选材新鲜,以独特的体验给人以独特的感受。叙事清晰,情节层次的安排很有条理,文章首尾照应,结构严谨。多处运用修辞、语言神态的精细描写等多种方法,强化了语言生动表达的效果。全文主题鲜明,对于父女之间的情感表达真实、感人、意切,特别是结尾处引用汪国真的诗句,更加增添了父女情深的感染力,使文章的立意上升到一个新高度,这种深刻的体验与感悟,可谓感慨良深,情真意切。

实践体验

【文题1】

拥有一双智慧的眼睛,你会发现:心怀真善美,馨香便萦绕满怀。以真诚之心对待生活,你会发现真诚是旅途的一盏明灯,让迷茫的人们找到前程;以善良之心对待他人,你会发现善良是一缕和煦的阳光,让冬季的心灵温暖如春;以美德之心对待万物,你会发现美德是一种奋进的力量,让青春的生命热血沸腾……只要你拥有一双善于发现的眼睛,真善美就会永驻心田。请以"发现"为题目写一篇文章。要求:内容具体,有真情实感;文体不限(诗歌、戏剧除外);字数不少于600字;文中请回避与你相关的人名、地名、校名。

【细节精选练笔】

_____

_____

_____

_____

【文题2】

人生如登山。只有不畏艰险、勇于攀登的人,才能到达顶峰,体验一览众山小的成就感。不过攀上顶峰固然令人兴奋,但攀登过程又何尝不是一种收获?结果固然重要,但体验的过程更令人值得回味!在成长中,我们曾经亲身经历过、真切体验过、用心感悟过、努力珍惜过……让我们敞开心扉,把体验到的爱与恨、苦与乐、成功与失败等情感凝聚在笔端,倾泄于纸上吧!请结合自己的生活经历,以"我体验到_____"为题,写一篇文章。要求:把题目补充完整;内容具体,有真情实感;文体不限(诗歌、戏剧除外);字数不少于 600 字;文中请回避与你相关的人名、地名、校名。

【细节精选练笔】

_____

_____

_____

_____

【文题3】

　　时光荏苒,岁月如梭。蓦然回首,你会发现内心中许多美好的记忆不会随岁月流逝。回忆往事,我们会感受到生活的美好——烂漫的童年,快乐留在心里;无私的母爱,温馨留在心里;奋斗的艰辛,坚强留在心里;意外的发现,感动留在心里……请以"_____留在心里"为题,写一篇文章。要求:把题目补充完整;内容具体,有真情实感;文体不限(诗歌、戏剧除外);字数不少于 600 字;文中请回避与你相关的人名、地名、校名。

【细节精选练笔】

_____

_____

_____

_____

第三编　巧妙升华

话题十：

随风潜入夜，润物细无声
——抒情真挚

要求直通车

　　"情"是一篇优秀作品的灵魂，是联系作者和读者的重要纽带。古语"披情入文""一切景语皆情语"都是对抒情的最好阐释。作文真挚的抒情基调或是激情情怀的直抒胸臆，或是流淌的淡淡思绪，或是……但前提都应该是体现健康的个性与人生价值观。在行文过程中，可以采取灵活有效的方式把自己的情感抒发出来，这也是自己在精神层面对审美追求的一种表达，是作者内心情感的释放与生活认知的辩证统一。那么，在作文中怎样做到抒发真挚的感情呢？

　　一、写真实的情感

　　"真实"，主要是指作者在文章中表达的感情要符合生活实际，不违背生活规律。生活中每天都会发生很多事，为什么有一些事总会令我们无法忘怀,至今回想起来依然会感动不已？一定是因为其中传达出来的真善美是真实的，所以总会打动我们的心灵。真挚的情感能增强文章的感染力,虚情假意是无法真正打动读者的。鲁迅先生说:"从血管里流出来的是血,从水管里流出来的只能是水。"只有写作者倾注了真情,文章才具有实感。文章所传达的情感越独特真实,读者从中获到的感受就越真切,越能引起思想共鸣。

【文段节选】

今年,我也如法炮制,泡了八宝酒,用以供祖后,倒一杯给儿子,告诉他是"分岁酒",喝下去又长大一岁了。他挑剔地说:"你用的是美国货葡萄酒,不是你小时候家乡自己酿的酒呀。"

一句话提醒了我,究竟不是道地家乡味啊。可是叫我到哪儿去找真正的家醅呢？

——节选自琦君《春酒》

【解析】

"思乡"是琦君《春酒》所表达的主体情感。故乡的一切与儿时的生活叠印在一起,这是作者最真实的生活状态。这篇散文,在作者琦君精巧的构思中小说化了,一个个短小的故事、一件件普通的事物,自如地表达出来,带给读者丰富的感受。"我"在多年之后按母亲的方法"如法炮制""八宝酒",那种思乡情怀的温馨一下子就似经历了千锤百炼之后,被抒发得舒放自然、典雅隽永。"究竟不是道地家乡味啊。可是叫我到哪儿去找真正的家醅呢？"这句话,又从心底发出的深深的感叹,足以让所有的游子动心动容,更加突显了结尾的凝练、浓烈:母亲的善良能干,乡人的淳朴厚道,辉映在自家所酿的春酒里。抒发的情怀自然是清晰、甜美、感伤、真挚、动人。

二、抒真切的感受

"真切"，是指感情的表达要自然、具体、深切。当作者对生活有了真切的感受，激情满怀时，情感就会自然而然地流露出来。因此，真切的感受，是一个人在与自然、社会生活的交流互动中所生发出来的情感的自然流淌，而不是为了抒情才发表万千感慨。叶圣陶先生说过："抒写到某地步，自己觉得所有的情感倾吐出来了，这就是最适当的限度。"例如，一位同学在《感谢对手》这篇文章里记叙了自己和同学跳绳比赛失利之后的感受："输给他，我的心情糟透了。但一想到祖国的解放与发展，不也是经历了各种艰难险阻，成长中我这点小挫折又算什么？顿时，我的心里又充满了力量，我一定要努力锻炼，争取在下一次比赛中战胜他。"从一次两个同学的跳绳比赛的失利，联想到祖国的发展并从中汲取各种力量，显然情感跨度有点显著，愣愣地给作文安上一条"抒情"的尾巴。这样的抒情不但不会有感人力量，反而会使人有作势之感。这一段作文经过修改后，调整为：第一次体验失败的滋味，真是不愿意相信这个结果。一向好强的我输给他，心情糟透了。我的眼前又浮现出每天早晨他在操场篮球架下练跳绳的认真样子，而自己却都在座位上和同学聊天，还自不量力地夸下海口："我是天生的体育能手，他再练也比不过我！"现在想来，我的心里惭愧极了。是呀，漫漫成长路上，我一下子明白，盲目自信是一块绊脚石，而不懈努力才是成功的法宝。没有岩石的拦阻，哪能激起美丽的浪花？对手是同行者，也是挑战者，也是自己不断进步的督促者。想到这里，我情不自禁地伸出自己的双手紧紧地握住对方的双手，大声说："谢谢你，下次咱俩还一起参加比赛！"

恰当地抒发情感，前提是对情感要有深刻的体验和细致的揣摩。这是一个极其复杂的过程，是写作构思对自我经历的一种回味与反思。这样的反复体验,能将情感本身的意味感受得更深、体会得更准,对情感的抒发自然更加顺畅恰当。

三、求动人的效果

"动人"是指感情的抒发行云流水而又富有感染力,激发起读者内心的强烈共鸣,为读者营造一个动人的艺术境界。激发起读者的共鸣,不是指作文按照他人的风格来构思,而是首先能够打动自己的内心。试想,一篇连自己都感动不了的作文,怎么能让读者觉得动人肺腑呢?

那么,怎样才能写出动人的效果呢? 动人的写作效果,源于一双敏锐的眼睛和一颗敏锐的心。也就是说我们在日常生活中,要留心观察,要留心记下自己的感悟。例如,当走进春暖花开的公园,看到小草萌芽、柳条抽青,你内心的第一瞬间想到的是什么? 拥有善于发现美的眼睛,才能写出美的东西,从而打动自己,也打动别人。动人的写作效果,还源于内心拥有一份积极健康的心态,我们要无怨生活中的苦与累,学习任务虽然繁重,父母的爱虽然有些唠叨,老师的关心虽然有些严厉,但这都是生活给予我们的另一种财富。只要我们能由衷表达自己内心深处的信念、追求、理想、坚持、付出……把这份浓浓的情感寄托在作文中, 就能写出最具真情实感的作文,既能感动自己也能感动他人。

方法点拨

一、直抒胸臆

"直抒胸臆"一般是指在记叙、描写的基础上,在感情达到炽热的程度时，直截了当、水到渠成地把内心的感情抒发、倾吐出来。直抒胸臆的抒情效果：情感炽烈、直接坦露、有强烈的感染力。

情到深处一定是"感情"触碰到了内容的关键点，因此，充实的内容是直抒胸臆的源泉。只有充满情味地去欣赏身边的事物，去感悟生活的细节，抒发的胸臆才会情真意切。例如，直抒胸臆"我深爱着我的家乡"，一定是因为家乡的一草一木、或人或景或事令你深爱着。这些深爱的人、景、物、事得以充分展现，抒发的情感就越激烈。直抒胸臆的方法也是巧妙多样的。具体来说，主要有两种方式较为常见：

第一，通过议论实现抒情。这种方法的特点是：议论是基础，抒情是目的，富含哲理而感悟深切。例如，习作《心中的阳光》这样写道：生活像一道阳光，唯有灿烂方可成就温暖四溢。成长的路上总会遇到各种风雨，在奋斗中坚守，这是心中最明媚的一缕阳光，它引领着我一路向前，遨游学海、探索思考，让我明白了"为了心中那份信念，只顾风雨兼程"，就一定能看见太阳的曙光，心中也才能铺满希望的阳光。

第二，通过铺排实现抒情。这种方法的特点是：为了强调某一主题或突出某种感情，有意重复使用某些情感丰富的词语或句子，进行反复抒情；将通过排比修辞的使用，一气呵成地吐露情感，语势强劲，酣畅淋漓。例如，习作《留在记忆中的风景》这样写道：成长的路上，留在记忆中的风景有很多，而那一道又一道写满父爱的风景线则是最靓丽、最耀眼的。它像三月的细雨，无需表达却润物无声；它像爱的海洋，澎湃在我心中鼓舞我不断前进；它像黑夜中的灯塔，引领我追逐梦想，告诉我脚踏实地才是成功的奠基石。

【文段节选】

对于广大的关东原野，我心里怀着炽痛的热爱。我无时无刻不听见她呼唤我的名字,我无时无刻不听见她召唤我回去。我有时把手放在我的胸膛上,我知道我的心还是跳动的,我的心还在喷涌着热血,因为我常常感到它在泛滥着一种热情。当我躺在土地上的时候,当我仰望天上的星星,手里握着一把泥土的时候,或者当我回想起儿时的往事的时候,我想起那参天碧绿的白桦林,标直漂亮的白桦树在原野上呻吟;我看见奔流似的马群,深夜嗥鸣的蒙古狗,我听见皮鞭滚落在山涧里的脆响;我想起红布似的高粱,金黄的豆粒,黑色的土地,红玉的脸庞,黑玉的眼睛,斑斓的山雕,奔驰的鹿群,带着松香气味的煤块,带着赤色的足金;我想起幽远的车铃,晴天里马儿戴着串铃在溜直的大道上跑着,狐仙姑深夜的谰语,原野上怪诞的狂风……这时我听到故乡在召唤我,故乡有一种声音在召唤着我。她低低地呼唤着我的名字,声音是那样的急切,使我不得不回去。我总是被这种声音所缠绕,不管我走到哪里,即使我睡得很沉,或者在睡梦中突然惊醒的时候,我都会突然想到我应该回去的时候了。我必须回去,我从来没想过离开她。这种声音是不可阻止的,是不能选择的。这种声音已经和我的心取得了永远的沟通。当我记起故乡的时候,我便能看见那大地的深层,在翻滚着一种红熟的浆液,这声音便是从那里来的。在那亘古的地层里,有着一股燃烧的洪流,像我的心喷涌着血液一样。这个我是知道的,我常常把手放在大地上,我会感到她在跳跃,和我的心的跳跃是一样的。它们从来没有停息,它们的热血一直在流,在热情的默契里它们彼此呼唤着,终有一天它们要汇合在一起。

——节选自端木蕻良《土地的誓言》

【解析】

《土地的誓言》中,作者所抒发的"挚痛的热爱"是一种很复杂的情感,表达却不流于空泛,选择有特征、有意味的景物组成叠印的一个又一个画面,像电影镜头一样闪现,展现东北大地的丰饶美丽。比如"我想起那参天碧绿的白桦林……原野上怪诞的狂风"一段,白桦林、蒙古狗、奔马群、红高粱、黑土地等东北特有的景物密集地排列在一起,加大了信息容量和对读者的冲击力。其中既有对故土的热爱和眷恋,还包含因家园破碎而激起的哀伤和悲愤,情感本身还体现出一种粗犷强悍的特质。文章运用呼告的手法,直接对着土地倾诉自己的热爱、怀想、眷念,并且将倾诉对象拟人化,以"她"而不是"它"相称,隐含着将土地比做"母亲"的意思,直听得读者热血沸腾。例如:"我无时无刻不听见她呼唤我的名字,我无时无刻不听见她召唤我回去","她低低地呼唤着我的名字,声音是那样的急切,使我不得不回去",等等。这种感情经过多次反复,直抒胸臆,像音乐的主旋律一样得到加强,自然会在读者心里掀起重重波澜,激起强烈的共鸣。

二、寄情于景

作者带着强烈的主观感情去描写客观景物,借助景物描写来抒发情感,就是"寄情于景"的抒情方法。它的特点是"景生情,情生景",即:情由景所依附,景被情浸蘸;情是灵魂,景是载体,全文情景交融,充满诗情画意,浑然一体。

生活中随手可取的景物比比皆是,只要多观察、细观察,日月星辰、风雨雷电,花草树木、虫鱼鸟鹰等,都可以令作者触景生情。自然景物各有其独特的特征,互不相同,要抓住景物的特征来描写,才能真正地表现出景物的与众不同。带着自己强烈的主观感情色彩去精心描绘,充分利用自己的眼、耳、手等感官,从视觉、听觉、嗅觉、触觉等角度进行细致观察,抓住景物的动、静状态,或色、味、形等特点来描绘,才能做到景物特点突出,个性鲜明,有情有感。例如,白居易的《钱塘湖春行》"几处早莺争暖树,谁家新燕啄春泥。乱花渐欲迷人眼,浅草才能没马蹄。"诗人通过对西湖早春明媚风光的描绘,抒发了作者早春游湖的喜悦和对钱塘湖风景的喜爱,更表达了作者对于自然之美的热爱之情。在诗作中,抒情而不直写情,绘景而不止写景,借景抒情,情以景兴。

【文段节选】

又是秋天,妹妹推我去北海看了菊花。黄色的花淡雅,白色的花高洁,紫红色的花热烈而深沉,泼泼洒洒,秋风中正开得烂漫。我懂得母亲没有说完的话。妹妹也懂。我俩在一块儿,要好好儿活。

——节选自史铁生《秋天的怀念》

【解析】

结合全文来看,这一段朴实的文字,想表达的绝不是他满心情绪的宣泄,以及对生活不公的抱怨。他想说的是当不幸降临,并不代表真的天崩地裂,自己的不幸也是亲人的不幸。作者的母亲只是想让儿子看看"北海的菊花开了",告诉儿子坦然面对生活。可是儿子与母亲并没有一起去看北海的菊花,但从母亲的离去中真正领会了生活的真谛,也就是无论生活把你打倒多少次都要勇敢的站起来,微笑面对生活。在《秋天的怀念》节选的这一段文字里,作者通过对各色菊花盛开的景象的描写,抒发了自己对母亲深切的怀念,对母亲无尽的爱,对母爱的赞美之情。

其实,对于秋天,不同的人有不同的理解,有人因为金黄的稻田而喜悦,有人因为飘飞落叶而感伤,而这些都是即景生情的例子。

三、意象生情

意象是认知主体在接触过客观事物后, 根据感觉来源传递的表象信息,在思维空间中形成的有关认知客体的加工形象,在头脑里留下的记忆痕迹。所谓"意象",简单地说就是客观物象经过创作主体独特的情感活动而创造出来的一种艺术形象,它是赋有某种特殊含义和文学意味的具体形象。初中学生常见的意象,主要种类分为:树木类、花草类、动物类、风霜雨雪,等等。例如,春草象征了生命的活力,腊梅写意着坚强,老牛代表了奉献,瑞雪意味着希望。

作文时,也可以运用"意象组合"的方法,就是缘于主题的需要,选择几个本不太相关的意象,有机连接典型人物、事件,构成一组画面,实现连接自然、组合成文的构思技巧。马致远的《秋思》中"枯藤老树昏鸦,小桥流水人家"一句中,枯藤、老树、昏鸦、小桥、流水、人家这些事物就是诗中的意象,这些意象组合在一起,就成了一个凄清,伤感,苍凉的意境,意象是具体事物的,意境是具体的事物组成的整体环境和感情的结合,情寄托在景中,景中有情,情景交融。"意象组合"绝非是对材料的简单叠加,而是要统一在文章主题下的一种有机整合,有利于体现内容充实、构思巧妙、结构严谨、条理清晰的写作效果。

为了使抒情效果更显著,在写作中常常会有意识地运用比喻、象征等常用的艺术手法进行具体的借物抒情或托物言志。

【文段节选】

那就是白杨树,西北极普通的一种树,然而实在不是平凡的一种树。

那是力争上游的一种树,笔直的干,笔直的枝。它的干呢,通常是丈把高,像是加过人工似的,一丈以内绝无旁枝。它所有的丫枝呢,一律向上,而且紧紧靠拢,也像是加以人工似的,成为一束,绝不旁逸斜出;它的宽大的叶子也是片片向上,几乎没有斜生的,更不用说倒垂了;它的皮光滑而有银色的晕圈,微微泛出淡青色。这是虽在北方的风雪的压迫下却保持着倔强挺立的一种树！哪怕只有碗来粗细，它却努力向上发展，高到丈许，两丈，参天耸立，不折不挠，对抗着西北风。

这就是白杨树，西北极普通的一种树，然而决不是平凡的树！

——节选自茅盾《白杨礼赞》

【解析】

在《白杨礼赞》这篇散文中，作者以西北黄土高原上"参天耸立，不折不挠，对抗着西北风"的白杨树，来象征坚韧、勤劳的北方农民，歌颂他们在民族解放斗争中的朴实、坚强和力求上进的精神。作者用"力争上游"点明白杨树的外观体现的精神气质，接着连用两个"笔直"突出了白杨树体现这种精神气质的外观特点。再接着具体描绘了白杨树：干，"通常是丈把高，像是加以人工似的，一丈以内绝无旁枝"；丫枝，"一律向上"，"紧紧靠拢"，"绝不旁逸斜出"；叶，"片片向上，几乎没有斜生的，更不用说倒垂了"；皮，"光滑而有银色的晕圈，微微泛出淡青色"。然后由"形"进一步深入到"神"，高度赞颂了白杨树"努力向上""不屈不挠"的坚强性格，借礼赞西北高原上的白杨树的"不平凡"，抒发了对北方抗日军民热爱和赞美之情。

他山之石

我坚持，我快乐

鱼儿坚持游向深处，它终能体会追寻浩瀚海洋的快乐；骏马坚持向前奔跑，它终能分享追寻辽远草场的快乐；雏鹰坚持飞向高处，它终能感受追寻广阔蓝天的快乐……为了追寻更加美好的自己，我也在坚持中体味着成长的快乐……

八年级寒假,热爱音乐的我报名学习吉他。第一节课就是反复练习按压琴弦。不一会我的手指就被蹭出一道道印痕,还渗出斑斑血丝。我的心开始有点沉重,但一想到不久就能像黄家驹那样弹奏各种曲目,心里就快乐起来,还一个劲儿鼓励自己:"坚持就是胜利!"晚饭后一拿起琴,手指就钻心的痛,真有点怵头了。我放下吉他,叹着气走到窗前,月光透过石榴树的枝叶间,泼洒在院子里。我的目光突然被一枝小花苞所吸引,它紧紧裹成一团,颜色青绿,顶端吐出一点点淡红。细软得几乎看不清的蕊须,迎着月光,仿佛是在等待明早的朝阳。我灰暗的内心豁然掠过一丝快乐,整个人也轻松起来,不禁想到:这枝小花苞,还要积蓄多少能量才能绽放呀!那一直扬着的蕊须,不正是对自己终将绽放的一份坚持吗?我重新拿起吉他,用带着血丝的手指练起来。不知不觉压在心头的烦恼烟消云散,学琴的路上没有理由轻言放弃,就要像这枝小花苞一样,在坚持中不断积蓄力量,成功才能与快乐相伴相随。

整个寒假,我忍住手指从起水泡到结出厚茧子的疼痛,每次坚持练熟一首曲子时,内心都感到无比快乐。然而,那一晚练习《莫斯科郊外的晚上》却是屡练屡败。我望着窗外,无意间又看到那枝小花苞,它已经开花,最前端分化出三四片嫩叶,花蕊顶出来,就像一个小灯笼。瞬间,我感慨万千:这朵小花面对风雨却没有凋落枝头,而是在坚持中迎来绽放的灿烂。这不正是我的榜样吗?我凝重的神情微笑起来,拿起琴一直练到深夜,终于听到了优美的曲调。这一次我真真切切地体会到——我坚持,我快乐,这就是用勤奋浇水,用执着培土,用努力施肥而坚韧奋斗的过程!

接下来,依然是在坚持中充满快乐的练琴时光。那次经过一整天的练习,我终于流畅弹出《渔舟唱晚》。舒缓的乐曲仿佛把我带进黄昏,一片灿烂的晚霞照耀着平静的湖面,闪闪地发着光。站在院子里,我微笑着又去寻找那朵石榴花,它已经变成沉甸甸的石榴挂在枝头。我豁然体会:追寻自己的目标,就是要经历坚持不懈的努力,当成功的硕果挂在枝头时,便会明白我坚持,我快乐的真谛!

成长的路上,在坚持中乘风破浪,就一定能体会到扬帆远航的快乐! 我越来越深刻地明白:成长的路上,"坚持"可以让芬芳四溢弥散,带给我们无畏荆棘的勇气;"坚持"也可以让信念挑战困难,带给我们勇往直前的力量。成长的路上,我坚持,我快乐,相信前方一定是朝霞满天,阳光灿烂……

【评语推荐】

这篇作文,对于石榴花从含苞、盛开再到结出硕果的景物描写,恰似描绘了一幅生动传情的图画。围绕叙事,景随情写,情随景生,情景交融,清新隽永,极富诗意。全文构思巧妙,叙事过程有波折,行文跌宕起伏,思想情感变化有致。全文充分表达了主人公形象的特点,读来在一种优美的情绪中蕴含着深刻的哲理。

温暖的陪伴

鲜花感谢阳光的陪伴,婀娜绽放;柳枝感谢春风的陪伴,摇曳抽青;繁星感谢夜空的陪伴,璀璨闪烁。成长路上,我也感谢身边这温暖的陪伴,带给我无言的感动……

进入毕业班的忙碌生活,我很不适应大容量的课堂学习,第一次期中考试成绩很糟。晚饭一口没吃就坐在书桌前,眼前浮现出每一个夜晚挑灯奋战的情景,委屈的眼泪滑落面颊。突然,耳畔传来父亲爽朗的声音:"不吃饭,哪有体力再战?"说着就把饭菜送到我面前。"不是没体力,而是没信心呀!""哪一个士兵不是越战越勇?爸爸相信你不会被眼前的困难吓倒!"我目不转睛地盯着他,那阳光般慈爱的眼神充满信任。一瞬间,我的斗志被重新点燃。是呀,哪一朵鲜花盛开不需要汗水浇灌?哪一粒果实丰满不经历风雨洗礼?

我快速吃完饭，拿起卷子改错题。秋天的深夜已带着丝丝冷意，但我却丝毫不觉寒冷，父亲的鼓励就像一股动力的源泉陪伴着我。他那坚定的眼神告诉我："面对困难，垂头丧气是败者的怯懦，不懈努力才是走向胜利的法宝。"

接连三个小时埋头苦学，当我从屋里走出来却意外看见父亲正坐在餐桌前，一边翻看《物理全解》，一边勾勾画画。"我也学习学习，你不会时能给讲讲。"灯光下我久久凝视着父亲，那曾经高大的脊背已略显一点佝偻，宽阔的肩膀也向前缩着，眼角爬上一层层皱纹。一瞬间，泪水涌出我的眼眶在面颊狂奔，我听见自己坚定的声音："爸，您的陪伴就是我最大的动力！"爸爸一怔，随即笑了，那微笑在嘴角荡漾开去。我转身回到屋里又拿起外语书。感谢父爱充满期望的眼神，让我对"陪伴"的内涵有了更加深刻的解读：一种无私的付出，一份无言的帮助，一颗充满关爱的心灵。

接下来是一段和爸爸一起努力的日子。每天晚上，他都帮我弄明白疑难的数学和物理练习，默写化学方程式，隔天还安排百词英语或文言诗歌过关。疲惫时他会幽默地开个玩笑，紧张时他会放一支优美的曲子舒缓我的压力。期末，当我把考试的成绩单递给爸爸时，他拿在手里看了又看，说："祝贺你在困难面前，成长为了一名越战越勇的士兵，努力成为将军吧，爸爸相信你一定能行！"我紧紧地拥抱父亲，任泪水滂沱。行走在挑战困难的征途上，感谢父爱陪伴中的帮助，似小溪潺潺把爱淌进我的心田，又似点点灯火照亮我前行的路。

回眸成长，感谢父爱温暖的陪伴。这份情怀，如清茶，慢慢品味才能体会甘甜与醇厚；如大海，乘风破浪才能理解宽广与包容。感谢父爱，陪伴我走在成长的路上，鼓励我充满自信，帮助我挑战困难，指引我追逐梦想……

【评语推荐】

这篇作文的选材,作者捕捉了生活中令人感动的瞬间,展现了父亲陪伴自己的点点滴滴,而家庭的温馨、和美与融洽就蕴藏在这些点点滴滴中,这是一篇充满亲情的温暖之作。

本文的构思也很巧妙,以时间为序,选择生活中的典型小事,于细微处见真情,从"第一次期中考试知道了成绩不理想的那个晚上"推进到"接下来是一段和爸爸一起努力的日子",衔接自然而又层层推进,把亲情表现得更加真实感人。本文叙事重点突出,通过细腻的描写使"父爱"的浓浓亲情跃然笔端。语言流畅生动、巧用描写,让平凡瞬间顿显生动,在点点滴滴中,在字里行间中无不充满暖暖爱意,充分展现了父爱在陪伴中对自己的影响,真挚地表达了自己对父亲的感激之情。

实践体验

【文题1】

人生如登山,或许因为太在意登上山顶,我们往往没有慎重选择路径就匆匆出发。于是,有人踏上大道,有人走进小路,有人奔向捷径,有人闯入险途。有的路,平坦而通畅,带给你的是安稳或者平庸;有的路,崎岖而险峻,带给你的是精彩或者伤害。选择的路合适,你会顺利登上山顶;选择的路不合适,即使登上山顶,也会遍体鳞伤。决定人生状态的不是山顶,而是你选择通向山顶的那条路。

请你根据对上述文字的理解和思考,写一篇文章。要求:依据材料的整体语意立意,自拟题目,自选文体(诗歌、戏剧除外),不少于600字。

【抒情想法构思】

【文题2】

　　未来的精彩永远生长在不断努力的枝干上。前方,究竟是贫瘠的荒漠,还是葱郁的原野,取决于每一阶段的努力。有的人下定决心,不在吃苦的年纪选择安逸;有的人做好打算,在书香中寻找更好的自己……不想在未来留下遗憾,就必须不断刷新自我。请以"刷新自我"为题目作文。内容具体,有真情实感;文体不限(诗歌、戏剧除外);字数不少于600字。

【抒情想法构思】

【文题3】

　　走进自然,阳光、泥土、野花……哇,好香!推开家门,爸爸的饭菜,妈妈的唠叨……哇,好香!一杯奶茶,一本新书,一个自由的午后……生活中,到处充溢着沁人心脾的芬芳。请你以"哇,好香"为题,写一篇记叙文。要求:选材贴近生活,言之有物,言之有情;文体不限(诗歌、戏剧除外);字数不少于600字。

【抒情想法构思】

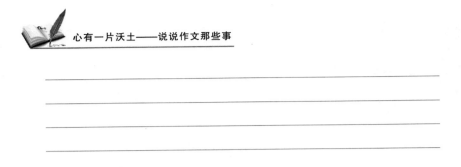

话题十一:

等闲识得东风面,
万紫千红总是春
——议论深刻

要求直通车

议论是文学创作的一种表现手法,表现出评析、论理的特点。"言为心声,文如其人。"写一篇作文,传达出一种思想,表现出高尚的道德修养和高雅的审美情趣,给人某种启示,这就是"文意"的内涵。作文中的议论,是作者在写作中对所记叙的事物发表的意见、主张或看法,可以揭示客观事物的本质,也可以把感性的认知上升到理性,进一步突出文章的主题,使其更加鲜明、深刻。作文中深刻的议论,主要有三个要求:

一、思想有深度

有深度的文章一定是透过现象深入到问题根源揭示本质,有耐人寻味的深刻意义。对于选材的深度思考,要立足于挖掘出真体验、真感受、真性情和真觉悟。只有作者自己悟出了某种内涵,思想达到了材料之外的某种认识高度,才能引发读者进入相应境界,一起在共鸣中体现选材的思想意义、人文深度、生活敏感性。

【作文题目】

生活中我们途径过各种各样的道路,马路边鸟鸣的林荫道,下雨天泥泞的路边小径,阳光下宽敞的柏油路,晚高峰拥堵的放学路上……成长的道路也同样是纷繁多样,感受各异。请以"走过这条路"为题目,写一篇文章。

【议论解析】

审读这道作文题目,旨在通过写自己的经历和体验,感悟成长路上的思考与收获。或许是走过平坦的大道,感受到一路顺风的畅快;或许是走过崎岖的小路,感受到跋山涉水的艰难;或许是走过孤独而敞开了心扉;或许是走过痛苦才学会坚强,等等。从作文命题可以看出,"走过这条路"要求写自己所亲身经历的往事,从那些曾经的经历中汲取思想营养,挖掘出成长点滴中的分析、选择与思考。例如,如果写成记叙文,应该选取某段对自己成长有帮助的经历,这段经历伴随自己心路历程的成长,促使自己对生活、对生命能有新的认识和感悟。当然这种认识或感悟是积极向上的,对读者能有比较深远的启发意义。

二、挖掘有创新

文章的"意",是一种具有创新内涵的思想。挖掘思想有创新,指的立意构思不落俗套,表现出启示、鼓舞而耐人寻味的特色。古人说:"为文之首,欲卓然自立于天下,在于积理而练识。"这句话中的"练识"可以理解为作文的立意。作文立意一般化、不新颖的根源就是思维定势造成理解上的千篇一律,形成了思维僵化现象。古语道"横看成岭侧成峰,远近高低各不同"就已经非常形象地说明了素材理解的迥异化特点。那么,怎样才能做到挖掘思想有创新呢?选材是基础,选取那些紧扣时代脉搏的材料,与众不同的材料,促使立意直接走向思想内涵有新意的构思通道。请阅读下面这篇短文,体会一下本文的立意特点。

【习作片段节选】

清晨,走出家门,一眼就看见三张广告斜插在我家的门扶手上,不用细看都知道是各种升学高分技巧的辅导班。"小区保安都睡着了吗?随随便便让发广告的人进来。""监控都失灵了!""还嫌我天天学习压力不大,就是免费,我有时间去吗?"……我的心里,一句紧接一句地抱怨,脸耷拉地连自己都知道像挂了油瓶子。我连看都没看就随手扔进了垃圾箱。

又是一天放学回来,刚一拐到楼前面的小路上,就看见我家邻居的王奶奶和楼上的李阿姨正在聊天。"您家孩子都在北京了,怎么还要这些中学生的广告?"张阿姨指着王奶奶手里的几页纸很不解。"唉,住对门的小伙子每天上学早出晚归,星期六日都不歇着,这不马路上看见发上学宣传的,就给他也要了一张。每次我都放在他家门扶手上,让他参考备用。"我的心一下子就像翻倒了的五味瓶,即刻又涌起一股暖流。王奶奶的这份热心是多么美好的一种邻里感情,也是多么美好的一份祖孙情呀!

【习作片段修改】

清晨,走出家门,一眼就看见三张广告斜插在我家的门扶手上,不用细看都知道是各种升学过分技巧的辅导班。"小区保安都睡着了吗?随随便便让发广告的人进来。""监控都失灵了!""还嫌我天天学习压力不大,就是免费,我有时间去吗?"……我的心里,一句紧接一句地抱怨,脸耷拉地连自己都知道就像挂了油瓶子。我连看都没看就随手扔进了垃圾箱。又是一天放学回来,刚一拐到楼前面的小路上，就看见我家邻居的王奶奶和楼上的李阿姨正在聊天。"您家孩子都在北京了,怎么还要这些中学生的广告?"张阿姨指着王奶奶手里的几页纸很不解。"唉,住对门的小伙子每天上学早出晚归,星期六日都不歇着,这不马路上看见发上学宣传的,就给他也要了一张。每次我都放在他家门扶手上,让他参考备用。"我的心一下子就像翻倒的五味瓶,即刻又涌起一股暖流。

王奶奶的这份热心是多么美好的一种邻里感情,也是多么美好的一份祖孙情呀!想想自己多日来对这些小广告的抱怨,都是对王奶奶的误解呀,因为自己的主观臆想而产生的误解。生活中,产生误解的原因有很多,或许是因为不留神说错了话;或许是因为太粗心忽略了一些内容……误解的结果也有很多种,或许是一直憋在心里很难受,或许是埋怨别人造成分歧、矛盾……其实解除误解的方法很简单:多给自己一些时间,多方面的观察、分析,与他人开诚布公地了解、说明,相信误会一定会在和谐的气氛中化解得无影无踪。我悄悄地跟在王奶奶身后,第一次开开心心地把小广告请进了家门。

【习作构思分析】

这一作文素材很有时代特点,学生学业负担重、随便发广告等都是生活中很熟悉的材料。材料处理也很有特色,谁发广告? 为什么要放在我家扶手上?悬念迭起。最后的揭秘,又出乎意料,情节冲突设计很巧妙。对于"邻里感情互帮互助"的议论挖掘,也很恰当、准确。但是如果仅仅就理解到"感谢热情互助"这一点,对于这个作文选材的挖掘就略显浅层。修改后的语段,显然是拓宽了对材料的理解角度,不仅从赞美王奶奶热心的角度来体会,还从人与人之间的关系处理、自我反思等角度深入理解,这样对作文立意的挖掘就出现创新点,也显得厚重而深刻。

三、联想有道理

借助想象的载体，架起议论的桥梁，也是突出深刻议论效果的常用方法。写作文的过程，是在强调真情实感的基础上同时强调体验、感悟，表达这种感悟的载体既可以是真实的生活本身，也可以是自己的想象。在议论中熟练地运用联想，不仅可以使文章生动形象、丰满活泼，也有利于把深奥的道理阐述得更加浅显明白，令滚滚才思流于笔端，写出品味高雅、韵味隽永的佳作。例如，对写作素材"绘画铁锅素描"加以议论，总也画不好想放弃，突然联想到做饭时的情景，阐发哲理议论：没有痛苦的煎熬，哪有沸腾的生活？从而鼓励自己坚持下去，不轻言放弃。可见，合理而恰当的联想，有利于多角度表达自己对自然、社会、人生的独特感受、真切体验和深刻感受。

方法点拨

一、挖掘景理联系

生活中，情与理之间有着密切的关系。鸟语花香、瓜果满树、青山绿水、鸟飞鱼跃、鸡啼鸭唱……这些美丽的画面中同时也蕴含着丰厚的哲理：要表达美，就必须善于发现美、捕捉美；只有经过风雨的洗礼，才能更加能体会硕果甜美的滋味；只有寻找到适合自己的空间，才能创造出属于自己的天地，等等。自古以来，挖掘景理联系就是阐发议论的一个核心点。例如，"沉舟侧畔千帆过，病树前头万木春"反映了发展的实质就是新事物终将取代旧事物；"横看成岭侧成峰，远近高低各不同"阐释了人们观察事物的立足点不同，就会得到不同的结论，强调了事物存在多元性的客观事实。

【习作片段节选】

我屏住呼吸，烦躁地站在小路中间，任数九的寒风从耳畔呼啸。眼前，飞扬的雪花，就像一个跳着芭蕾的小姑娘，当她跳着优美的舞姿落在树枝上，就像把自己的洁白的舞裙挂在了树杈之间，银装素裹，琼花怒放。我的心一下子平静了，白色的裙摆滑过每一处树梢，温柔地抚摸着每一枝树杈，在这温柔的抚慰下，那颗烦躁的心开始安静下来，不掺杂任何杂质的心就是纯洁，而当心有杂念的时候就要想勇敢地去剔除、割舍，才能恢复心灵的平静，保持用一颗平常心去客观、冷静地看生活。

【习作片段分析】

这个作文选段，用大量饱含感情的笔触描写了安谧的雪景，雪花飘舞的动态美和落在枝头的静态美和谐地体现在同一个画面中。其间自然融入从烦躁到安静的情感变化，借助于对景物的描写，来表达自己的哲理感悟：保持一颗平静的心，对待生活中的各种纷扰，生活中的美好即刻再现。读来就能让读者产生情感共鸣。

二、挖掘情理联系

"情"具有主观性、灵活性、不确定性；"理"具有客观性、逻辑性、确定性。二者在日常的融合中难免发生不协调的碰撞。古语道："动之以情，晓之以理"即解释了情与理之间的辩证统一关系：情没有理的约束，就容易感情用事，不理智；理离开了情，就容易出现"情不通，则理不达"的结果。可见，情理之间的关系，两者互相渗透，互相影响，互相依赖，不可分割。事情只有做得合情合理，入情入理，才是生活的基本原则。同时也为作文的深刻议论提供了很鲜活的素材。

【文段节选】

春天像刚落地的娃娃，从头到脚都是新的，它生长着。

春天像小姑娘，花枝招展的，笑着，走着。

春天像健壮的青年，有铁一般的胳膊和腰脚，领着我们上前去。

——节选自朱自清《春》

【解析】

春天并非像一个具体事物一样可知、可感、可触。作者说"春天像刚落地的娃娃，从头到脚都是新的，它生长着"，这是把春天比作"娃娃"，赋予了它新的生命。"春天像小姑娘，花枝招展的，笑着，走着"，这是把春天比作"小姑娘"，春天渐渐成长为"花枝招展的"小姑娘，"笑着，走着"，着实招人喜爱。"春天像健壮的青年，有铁一般的胳膊和腰脚，领着我们上前去"，这是把春天比作"有铁一般的胳膊和腰脚"的"青年"。从这三个比喻句中，我们可以体会到作者对春天充分的赞美之情，在这份情怀里又蕴含着深刻的哲理：春天有着不可遏制的创造力和无限美好的希望。我们应当踏着矫健的步伐，去创造更加美好、幸福的新生活。

三、挖掘事理联系

古语道："以铜为镜，可以正衣冠；以古为镜，可以知兴替；以人为镜，可以明得失。"这几话反映了人们认识事理的心理感悟过程。揣摩他人他事，吸取其成功的经验和失败的教训，然后用此来指导自己的言行，促进自己的思想的深入发展。这也正是对写作过程"挖掘事理联系"的例证。生活中，我们每天经历的事情有很多，如果能选择那些对自己比较有影响力的事情做深入思考，并把挖掘出来的事理记录下来，就是作文中议论深刻的语言，也是把自己在生活中的观察、发现、思考、感悟诉之于文中。

【文段节选】

我从悬崖边向下望,感到头晕目眩;我绝对没法爬下去,我会滑倒摔死的。但是,往崖顶的路更难爬,因为它更陡,更险。我听见有人啜泣,正纳罕那是谁,结果发现原来是我自己。

时间一分一秒地过去,暮色开始四合。在一片寂静中,我伏在岩石上,恐惧和疲乏使我全身麻木,不能动弹。

暮色苍茫,天上出现了星星,悬崖下面的大地越来越暗。这时,树林里有一道手电光照来照去。我听到了杰利和我父亲的声音!父亲的手电光照着我。"下来吧,孩子,"他带着安慰的口气说,"晚饭做好了。"

"我下不去!"我哭着说,"我会掉下去,我会摔死的!"

"听我说吧,"我父亲说,"不要想着距离有多远。你只要想着你是在走一小步。你能办得到的。眼睛看着我电筒的光照着的地方,你能看见下面那块岩石吗?"

我慢慢地把身体移过去。"看见了。"我说。

"好,"他对我说,"现在你把左脚踏到那块岩石上。不要担心下一步。听我的话。"

这似乎能办得到。我小心翼翼地伸出左脚去探那块岩石,而且踩到了它。我顿时有了信心。"很好,"我父亲叫道,"现在移动右脚,把它移到右边稍低一点的地方,那里有另外一个落脚点。"我又照着做了。我的信心大增。"我能办得到的。"我想。

我每次只移动一小步,慢慢爬下悬崖。最后,我一脚踩在崖下的岩石上,投入父亲强壮的手臂中。我先是啜泣了一会儿,然后,我产生了一种巨大的成就感。这是我永远忘不了的经历。

我曾屡次发现,每当我感到前途茫茫而灰心丧气时,只要记起很久以前我在那座小悬崖上所学到的经验,我便能应付一切。我提醒自己,不要想着远在下面的岩石,而要着眼于那最初的一小步,走了这一步再走下一步,直到抵达我所要到的地方。这时,我便可以惊奇而自豪地回头看看,自己所走过的路程是多么漫长。

——节选自莫顿·亨特《走一步,再走一步》

【解析】

选文叙述了一段完整的经历:在爬下悬崖脱险的过程中,父亲给予儿子鼓励与指导,一切由孩子自己完成。这件事所蕴含的道理是深刻的:这座悬崖就像人生道路上许多困难一样,对待它,我们不能畏难怯步,而要冷静地分解困难,一步一个脚印,循序渐进,坚持到底。这样,才能积蓄小胜利逐步走向大胜利,促使困难分解,向胜利转化。

他山之石

留一点梦想给自己

三月的春风,留一点雨露给青青垂柳吧,它能茂盛如冠;深秋的晚风,留一点惊喜给落红吧,它能孕育新的希望;数九的寒冬,留一美丽给腊梅吧,它能芬芳四溢……成长路上,留一点梦想给自己吧,它能带你跋涉千山万水,撷取最甜蜜的果实。

夏天的脚步还没有完全走远,迎面扑来的微风已有了清冷的寒意。我望着试卷上一道接一道的错题,再看看这些复杂的电路图,失落和沮丧犹如一团乱麻充斥在心中,随着老师一声下课,我飞一般逃出教室。

我呆呆地站在马路边,一想到那些难啃的试卷,心情跌落到谷底。这样的状态,怎能迎接期中考试,又何谈中考实现自己的梦想?

沿着铺满落叶的小路，我漫无目的地向前走着。蓦然，视线被定格在砖块夹缝的一抹淡粉上。走近细看，原来是一朵粉色小花。微微秋风中，那朵小花儿摇曳着美丽的身姿，细碎的阳光洒在嫩黄的花蕊上，又弥散在花瓣上，仿佛给整朵花都镀上了一层金色的外衣。微风拂过，随着淡淡香气沁入心脾，我仿佛听到了这朵小花与秋风的对话："别想用你的寒冷裹住我的姿影，在凋零的深秋独自绽放，是我从春走过夏的梦想！"顿时，压在我心头的那些忧愁与烦闷烟消云散。是啊，小花能把自己的梦想从春留到夏又留到深秋，我又有什么理由灰心丧气呢？我也应该像这朵小花一样，留一点梦想给自己，经过不断努力释放出一份属于我的绚丽光彩。

我快步回到家，一进门便拿出物理卷子和各种参考书，研究起来。不知不觉月亮已经挂在枝头，还有一道题没弄明白。打开电脑，搜出视频讲解，连续听三遍，终于可以独立修改正确，我长长地舒了一口气，开心地笑了。接下来的日子依然要天天面对各种难题，但我没有丝毫气馁。因为在我心里已经为自己留下了梦想的印记，我知道在追寻梦想的道路上，潜心钻研，终会有所收获。第一次期中考试，我如愿取得优异成绩。表彰大会上，手捧奖状，我暗暗鼓励自己："再留一点梦想给自己吧，把不懈的努力化作甘泉，来浇灌这朵美丽的梦想之花。"现在，我把冰心老人的那首小诗当成了自己的座右铭——成功的花，浸透了奋斗的泪泉，洒遍了牺牲的血雨。留一点梦想给自己吧，它终将能变成一双翅膀，带我飞到天边蘸一色天青，描绘出人生的绚丽，梦想的璀璨。

留一点梦想给自己，一滴滴小小的水珠，能汇集成浩瀚的海洋；留一点梦想给自己，一株株柔柔的小草，能蔓延为绿茵茵的草原；留一点梦想给自己，一粒粒不起眼的沙子，能堆成一座巍峨的高山。成长路上，当漫天黄沙阻挡了前进的路，留一点梦想给自己吧，那朵绽放在心底的梦想之花，一定能带着我们自己走向成功的彼岸。

【评语推荐】

多种表达方式的综合运用，流畅地表达，深刻的议论句，形成了本文文采飞扬的语言特点。本文构思的精巧之处还突出表现在对景、事、理所包含意蕴的深刻揭示方面。作者细致描绘了"微微秋风中，那朵小花儿摇曳美丽身姿"的画面，也写出了自己从考试失利——努力奋斗——取得优异成绩的主题事件过程，挖掘出了终身受益的哲理：成长不会是一帆风顺，遇到困难时，心中有梦想，有永不言弃的信念，有不懈努力的行动，就一定能取得新的成功。

我心灵的甘露

春风夸耀阳光是小草的甘露，滋养它破土；白云颂扬天空是雄鹰的甘露，哺育它飞翔，绿叶歌功细雨是鲜花的甘露，润泽它含苞。而我却想礼赞恩师，您是我的甘露……

今年的四月每天都要经历体测前的八百米训练，这一天上午又是一次计时模拟，我在冲刺时正准备加速，脚底突然一软"啪"一声摔倒地上。班主任王老师立刻跑过来，帮我脱下鞋袜，轻轻拍打痛处，嘴里自语："还能转动，没伤着骨头。"她把我扶回教室，大约十分钟就跑回来，又蹲在我的脚边，把捧在手里的毛巾裹了又裹敷在我的脚面上，解释说："食堂有冰块，这样就肿不起来，很快就能不疼，耽误不了明天的训练。"一阵冰冰的凉意钻进心里，痛感顿时消失，一股暖流却随之涌起。望着老师蹲在地上的身影，瘦小而高大，我的眼眶突然湿润，感谢老师，这份关爱就像甘露滋润着我的心田，您不是医生，动作却如此熟练；您不是歌唱家，话语却如此动听。感谢恩师，在我的记忆里写满无私与关爱！

四月天真是无法预测,中午从食堂出来已经下起蒙蒙细雨。我正想漫步雨中,一把红雨伞递过来,接着听见王老师的声音:"你的脚刚受过伤,别淋雨,小心路滑!"说着她就跑进雨里。我刚一走回教室就加入了改错题的队伍,而王老师早就站在最前面耐心地给同学讲解着。我定睛看着老师微笑的面庞,嘴角微微上扬,若隐若现的酒窝,弯弯的眉毛,眯成细缝的眼睛,额前的刘海儿还挂着雨丝,完全不在意刚刚淋湿的衣服贴在肩膀上。我的内心瞬间盈满感动,一股信念油然而生。感谢师爱,您的信任就像甘露滋润着我的心田,谱写出动听的歌儿,"鼓励"是曲,"勤奋"是词,"不言放弃"是动人的主旋律。

今天的午休静悄悄,几分钟同学们就进入梦乡。我连做两道题也准备休息时,正好看见王老师踮起穿着高跟鞋的脚尖,轻轻关闭教室门,又转身踮着脚尖走到窗前关上每一扇窗户,生怕弄出一点声音吵醒大家。眼泪再一次顺着我的面颊滑落,感谢老师,您的这份真诚就像甘露悄然融进我的心田,浇灌着一朵叫做幸福的花,每一片花瓣上都洒满爱心的花粉,芬芳着我的成长。

谢谢您,老师!您是我心灵的甘露,如果我学会追寻梦想,一定是您的柔情给了我前行的希望;如果我学会搏击蓝天,一定是您的鼓励给了我腾飞的翅膀。感谢恩师,您是我心灵的甘露,用辛勤与无私,鼓励与关爱,滋润着我青春的花季……

【评语推荐】

本文把饱含的真情实感蕴含在朴实的叙事中,全文在结构上没有悬念迭起的曲折情节,却把师爱展现得淋漓尽致,在平凡琐事中表现出师生的无价情谊,使抒情更加强烈感人。本文凭借作者对生活的敏锐观察,记录下"老师蹲在地上的身影""额前刘海儿依然挂着雨丝""贴在肩膀上淋湿一片的衣服""踮起穿着高跟鞋的脚尖关闭教室门的样子"等最感人的画面，语言诗意化，内容哲理化，字里行间流淌着作者对老师无限感恩的浓浓情思。

实践体验

【文题1】

"我只是雏菊丛中的一朵小花。"一朵雏菊伤感地叹息，"与这么多雏菊生长在一起，我的美丽完全被淹没了，根本不会有人注意到我。"

一个天使听见了雏菊的心声，规劝她说："但是你真的很美丽！"

"我想成为唯一的一朵，身旁不要有其他任何同类！"天使不想再听到雏菊的埋怨，于是把她带到了城市广场。

几天之后，市长带着一位园艺师来对广场进行改造。"把土壤翻一翻，种上天竺葵吧！""等一等！"雏菊大叫，"你那样做我会死的。""如果这里还有一些和你一样的雏菊花，会对广场起到非常好的美化作用。"园艺师回答，"但是在你的周围找不到任何你的同类，你自己不可能形成一座花园。"说完，园艺师把雏菊从地上连根拔起。

请自选角度，自拟题目，写一篇不少于600字的作文。

【深刻议论构思】

【文题2】

"和谐"有和睦协调的意思,和谐就是美。和谐是人类社会共同追求的,美好的价值观,也是我国传统文化中最有代表性的观念。人与人的和谐需要诸多美好的品德来构建,生活中的和谐之美无处不在。人们的心灵因和谐而美丽,人们的生活因和谐而幸福!请以"和谐之美,美在_____"为题,写一篇文章。要求:①请从"诚信""友善""互助"三个词语中选择一个,将题目补充完整。②文体自选,不少于600字。

【深刻议论构思】_____

_____

_____

_____

_____

【文题2】

妈妈要出门,临走前叮嘱三岁的双胞胎孩子在卧室里玩游戏。由于窗户关着,阳光进不来,兄弟俩就商量说:"外面阳光多,我们扫点进来。"于是,兄弟俩拿着扫把和簸箕,到阳台上去扫阳光。可等他们把簸箕抬进房间,簸箕里的阳光就没有了。扫了好几次,屋内还是没有阳光。妈妈回来了,看见他们奇怪的举动,就问道:"你们在做什么呀?"他们回答说:"房里没有阳光,我们想扫点进来。"妈妈笑着说:"孩子,只要把窗户打开,阳光自然就会射进来的。"现实生活中,我们都渴望得到友谊、理解、真诚……可是我们常常感到难以如愿。其实,只要敞开心扉,他们就会像阳光一样洒满我们的心房,照亮我们的生活。请以"敞开心扉"为话题,自选角度,自拟题目,写一篇文章。可以写你的经历、见闻,也可以写你的认识、感悟。要求:要求书写工整规范;字数在 600 字以上;文体不限,诗歌戏剧除外。

【深刻议论构思】

话题十二：

纸上得来终觉浅，
绝知此事要躬行
——精于修改

　　中国文人自古就重视文章的修改，"树木不剪不成材，文章不改不精彩"，"玉不琢不美，文不改不精"，"文章不厌百回改"等语句都充分说明了一篇出色的文章很难一次成稿，都是需要经过反复揣摩修改而定。修改，不仅可以使自己对文章加深认识，而且，还可以提高文章的品质。只有反复修改，才能规范自己文章中的用词、病句、标点等语言问题；只有反复修改，才能使语言表达得更加优美流畅，情节构思更加引人入胜。作文修改能力是作文能力的重要组成部分，作文修改能力的强弱是其独立写作能力高低的重要标志。因此在"作文修改场"主场作战的应该是创作者本人，教师的建议是辅助性点拨。学生学会修改作文，不仅能促进"写"，激发学生的写作兴趣，发展智力，提高写作水平，而且有助于帮助学生在修改过程中养成精益求精的好习惯。下面推荐"一五二"作文修改方法，并做出如下详解：

一、概念阐述

"一五二"作文修改方法，即一个中心，以学习目标为中心；五个环节，即"自评、解惑、拓展、博采、修改"；两稿写作，即"作文一稿、作文改稿"。

二、理论依据

"一五二"作文修改方法有两个"理论依据"，即：马斯洛需求层次理论；皮亚杰"认知发展理论"。

写作文心理需求说明表(附表1)

"马斯洛需要层次论"认为"人的行为是有目的性和创造性的。"在【附表1：写作文心理需求说明表】中，可以看到学生在"一五二"作文修改过程中，完成"作文一稿"仅仅是满足了写作业的需求，当完成"作文一稿自评"时，才刚刚完成了"学习成长的需要"，这是教育给学生提出的社会责任，体现了一定的社会需求，而"自评"之后的"作文修订"过程，则是满足了学生"自我提高的需要"，也就满足了其"尊重需要"，从而产生了继续学习的推动力。其学习成果"作文改后稿"中具体的进步，即是满足了他们"自我实现"的最高层次需求。

皮亚杰对认知发展阶段的划分是以个体认知方式而非年龄为标准的,他认为个体认知发展的速率有快有慢,并不相同。"一五二"作文修改方法,在"解惑""博采"中,都为学生提供了充分的"自我学习空间"。特别是在填写"作文一稿自评总结表"之后,不同学生就会表现出具体的差异,而作文修改建议的选择也一定是最切合自己实际需要的。"以学生为本",尊重"个体认知发展速率有快有慢"的学习规律在作文修改活动中得到充分体现。

三、作文修改基本程序(见附表2)

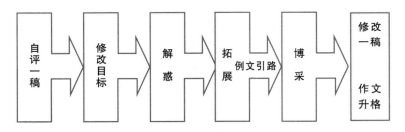

附表2:"一五二"作文修改步骤图

附表2显示:从学生自评一稿开始,就坚持了"自主开放"的学习原则。而修改目标的设定包括两个内容,即:学生根据作文一稿的整体情况,按照老师的整体要求制定自己的个性化修改目标。当学生在语文教材中找到了解决方法之后,必然会调动他们未来自觉开展语文课堂阅读的积极性。"拓展"环节,是从教材到生活的自然链接,正是体现了对"语文生活真实体验"的倡导。在与例文的对比自评中,尊重了学生的学习差异,体现了学生学习的"自主性"和"独立性"。由上图可见,"一五二"作文修改方法,在学生从被动聆听教师讲评转化为主动参与、自主领悟等方面都做出了积极探索。

"一五二"作文修改的方法，非常注重对教材课文的使用，其中"导入教材""导出教材""例文引路"等环节，都与教材学习密不可分。其实，教材中的这些文章都是经过层层精挑细选出来的，里面的选材立意、篇章布局、遣词造句等等都凝结着作者创作的灵感和心血。学生通过阅读，将学到的方法正确的运用到修改作文上，对提高自己的作文修改能力是非常有帮助的。这样就形成了以读促写、以写促读的循环体系。

四、特色说明

一句话概括"一五二"作文修改方法的特色就是——"我的作文我做主"，把"创作"的主动权把握在自己手里，以"我笔写我心"。具体表现在以下三个方面：

1. 针对性强

传统学习中，写作文的一个周期是以"看作文分数和评语"为结束标志。"一五二"作文修改的整个写作周期，都充分体现了自己在"写作场"中的独立自主位置。其中，"有针对性自我修改"是其特色的突出表现，"教材范例""链接生活""例文引路"等环节，都紧密联系语文课堂学习，在"课内阅读"与"作文训练"的巧妙连接中做到"温故而知新"，又在"作文改稿"中体验自我进步的满足与喜悦。

学生"一五二"作文修改过程也是反复读自己文章的过程，经历了"找准自我问题""反复修订""欣赏自我创作"的真实体验。反复自读，是促进有针对性修改的第一步：在自读中，自然而然地就能加强"反思"，反思自己的构思是否符合命题所要求的写作体裁、范围等；反思自己的选材是否符合主题立意的体现，是否清楚地表明了自己的情感态度、思想主张；反思自己作文开头、结尾、过渡等结构安排是否顺畅，详略是否得当，字、词、句、标点等运用是否正确，等等。

2. 方法性强

运用"一五二"作文修改的方法，教师要始终统观全局，把握重点，对学生的实施步骤做到点拨有序。但教师要时刻提醒自己"绝不能包办代替学生的主体活动"，从而促进学生的"方法探究"与教师的"方法引领"有机结合。虽然说"文从改中出"，但学生评改作文的能力不是一蹴而就的，需要长期反复的训练。

"一五二"作文修改的方法，主要表现出四个特点：

学生追寻问题本源——→修改有针对性；

学生探究解惑之法——→修改有章可循；

学生拓展作文空间——→修改有法可鉴；

学生探索升格之路——→修改有话可说。

在方法实施过程中，形式灵活多元。可以从作文片段的训练做起，例如，修改一段以"校园清晨"为题的景物描写。也可以从某一个作文修改要点做起，例如，以"动静结合"为切入点，修改这段以"校园清晨"为题的景物描写。这样就可以在训练中，从片断到小作文，再到大作文，循序渐进，逐步提高学生评改作文的能力。

3. 目标性强

"一五二"作文修改的方法，准确根据学生的个体情况来制定自己作文的修订目标，充分利用了学生的最近发展区，强调在自我努力的过程中实现自我目标。例如，如果学生一稿作文素材不能切准题目要求，那么选材修订就是最集中的学习目标体现；如果学生立意在鲜明、深刻这一方面有所欠缺，那么立意的深刻挖掘就是修改中要重点突破的方面；如果作文语言表达力比较弱，那么语句的通顺、畅达、优美就要被定为他的修改目标……一旦他们达到目标，给予充分鼓励之后再设立更高的目标，促进学生在每一次写作过程中都有所收获。这样学生的作文修订就能从"原地起跳"晋升到"不断爬梯"的有序提升过程。

在"一五二"作文修改过程中，填写"一稿自评表"（见附表3）之后，又追踪填写《一稿自评总结表》（见附表4）。这两张表的填写过程，其实是两次思维活跃到高峰时段的理性梳理和总结提升。学生可以直观发现自己作文的优点与不足，修改过程中自然而然为自己提出指导性修改建议，增强学生实现自己升格写作目标的高效度。

附表3：作文一稿自评表　　作文题目＿＿＿＿＿＿＿＿

评定项目	评定维度		评定等级（请在符合自己情况的项目中画√）			
			3分	2分	1分	0分
写作成果	审题	准确理解题目				
		创新分析题目切入点				
	选材处理	符合题目要求				
		视角独特新颖				
	内容表达	内容具体，表达流畅，标点恰当正确				
		内容丰富，表达生动标点恰当正确				
	主旨（情感）	鲜明（或：真挚）				
		深刻（或：深厚）				
	结构	连贯自然、合理				
		首尾精致、照应				
		恰当点题、扣题				
		形式新颖、独特				
	文面	书写美观				

（备注：每一项的评定等级最高为3分，最低为0分。通过自评分析，评定等级可以依次为3分、2分、1分、0分。）

附表4：作文一稿自评总结表

	继续巩固的优势	需要改进的不足
对比例文 反思一稿		

显而易见，以上两个表的填写结果，学生可以直观发现自己作文的优点与不足，修改起来将会自动生成"指导性"，有利于增强学生实现自己升格写作目标的高效度。

五、实施效果

叶圣陶先生说过："'改'与作文关系密切，'改'的优先权应该属于作文的本人。"可见，在作文创作、修改、再创作的过程中，"以改促写"是"一五二"作文修改过程的主导思想。实践证明，"一五二"作文修改方法，力求体现"动态——开放"的写作原则，学生切实体验到自己写作的收获与进步，从而有效降低了写作文时的畏难情绪和随意性。

传统作文评改中，有两个矛盾始终没有得到很好的解决：第一，作文本从上交给老师到批完发回来，这一作文评阅的周期比较长，而学生在收到发回的作文本时，那渴望看到作文评价的热情已然冷却。第二，如果教师"精批细改"，确实能对写作质量有一定提升作用，但对于真正提高学生的写作能力却作用微乎。如果教师昨晚批改采用"粗略评改，集体讲评"的方法，其评语自然避免不了概念化、形式化，大同小异的现象。所以传统作文评改中以教师为主体的现象必须面临改革。"一五二"作文修改过程的实施，在替代传统单一的教师评改方式方面做出了积极的引领，把作文教学中的"教"与"学"，"导"与"评"有机结合起来，重在营造以"教师为主导、学生为主体"的写作氛围，持续促进学生主体意识的形成，充分发挥学生写作的主动性、积极性和创造性，引导学生自己牢牢把握住"改"的主动权，真正实现"我的作文我做主"。

【"一五二"作文修改课优秀案例】

选材与用材

教学目标：1.树立"创新审题"的意识，学习创新选材的方法

2.学习创新用材的写法，提高全面修改作文的能力

教学重点：学习创新选材的方法，学习创新用材的相关写法

教学难点：学习创新用材的相关写法

教学时间：1 课时（45 分钟）

教学过程：

导入：

曹禺先生在谈到自己的剧本修改时，曾这样说："我想写字的道理或者和写戏的道理不同；写字难看总还是可以使人认识，剧本没有写对而又给人扮演在台上，便为害不浅。所以我总觉得，既然当初不能一笔写好，为何不趁重印之便再描一遍呢？"正是源于这样的创作思想，曹禺在《原野》再版时比照旧版，添改删减的地方大约有一百四五十处，而随手改动的标点之类尚不在此内。曹禺先生严谨的"修改"作风成为了我们作文练习的楷模，现在，请你也说一说我们可以从哪些方面着手修改一篇作文？

第一环节:自评一稿,定标

1. 请细读自己的作文一稿"＿＿＿＿＿让我感动",并按要求填写《作文一稿自评表》。

作文一稿自评表　作文题目＿＿＿＿＿

评定项目	评定维度		评定等级(请在符合自己情况的项目中画√)			
			3分	2分	1分	0分
写作成果	审题	准确理解题目				
		创新分析题目切入点				
	选材处理	符合题目要求				
		视角独特新颖				
	内容表达	内容具体、表达流畅,标点恰当正确				
		内容丰富,表达生动标点恰当正确				
	主旨(情感)	鲜明(或:真挚)				
		深刻(或:深厚)				
	结构	连贯自然、合理				
		首尾精致、照应				
		恰当点题、扣题				
		形式新颖、独特				
	文面	书写美观				

(备注:每一项的评定等级最高为3分,最低为0分。通过自评分析,评定等级可以依次为3分、2分、1分、0分。)

2. 交流自评结果,并说明理由。

根据同学们的一稿作文,教师总结班级整体存在的问题:

(1)首先从选材角度来总结,相对集中在"母亲让我感动""父亲让我感动""老师让我感动""同学让我感动",主题也就相对集中在"赞美亲情的无私""感谢师爱的奉献""赞美友情的纯洁"等三个方面,雷同性较为普遍,选材缺乏新意。

（2）再从使用材料的角度来分析，无论是选择上述四大类题材中的哪一种，较为普遍的问题是缺乏对"感人、动情"这种感染力的创设与挖掘，读来有平淡之感，很难唤起读者与小作者产生情感共鸣。根据这两个共性问题，这节课就来具体探究如何"选新材、用好材"的具体方法。

第二环节：教材范例，解惑

第三环节：链接生活，拓展

回看作文题目：

我们在日常学习或生活中，总会发现一些令人感动的东西。这些感动或许是来自科学、自然等很多领域；也或许就来自我们非常熟悉的父母家人、谆谆教诲的恩师、真挚的朋友等。毫无疑问，我们总会因感动而获得更多真善美的启迪。请以"_____让我感动"为题目，写一篇作文。

　　要求：（1）在横线处填一个词语，将题目补充完整；
　　　　　（2）选出合适的文体，写出你对生活的观察与感悟；
　　　　　（3）字数不少于600字，文中不要出现真实的地名、校名和人名。

　　思考：（1）如果在选材时，我们想突破"父母亲情""同学友情""师爱恩情"这三大传统题材，审题时可以紧紧抓住哪句话？
　　　　　（2）如何能在这些领域里选出新颖的材料，请把你的好办法推荐给大家。

　　教师点拨：充分利用学过的教材，这是我们作文素材一片广阔的天空。请回顾自己学过的以下课文篇目。

练习(1):请以作文素材分类表为例,概括说一说学过的课文在选材方面给你带来哪些启示?

作文素材分类表

	主题	课文篇目及作者
1		邓稼先——杨振宁
2		三峡——郦道元
3		斑羚飞渡——沈石溪
4	温暖亲情	散步——莫怀戚
5	感谢恩师	藤野先生——鲁迅
6	纯真友情	羚羊木雕——张之路
7	民族文化	故宫博物院——黄传惕
8		走一步,再走一步——莫顿·亨特 再塑生命——海伦·凯勒
9		端午的鸭蛋——汪曾祺 春酒——琦君
10		芦花荡——孙犁 就英法联军远征中国致巴特勒上尉的信——雨果
11	……	……

练习(2):通过回顾日常语文教材的学习,打开了一片作文素材的天空。再读作文题目,你还能找到作文时一片更为广阔的素材资源库吗?(生活)

活动一:请自读下面这一段话,仿照例句完成从"教材——生活"的链接思考:

例句:《罗布泊,消逝的仙湖》等课文内容,提示我们可以把选材定为"美好的回忆让我感动";不禁令我联想起充满快乐的童年生活,拓展选材为"童年记忆 让我感动"……

仿句:_____等课文内容,提示我们可以把选材定为"_____让我感动";不禁令我联想起_____,拓展选材为"_____让我感动";_____等课文内容,提示我们可以把选材定为"_____让我感动";不禁令我联想起_____,拓展选材为"_____让我感动"……

活动二:组织学生探究总结:从教材——生活的这种选材方法有什么优势?(可以在短时间里 A:拓宽选材范围,B:找到选材切入点,并有针对性的进行联想,避免构思时"天马行空"而漫无目的)

第四环节:例文引路,博采

活动一:课文片段引路

1. 练习:请大家再看一个学生的作文片段,并思考这位同学的文字,并没有达到令大家感动至深的效果,这是为什么? 请继续阅读链接材料一、链接材料二,从表达方式的角度,提出你对习作片段的修改建议,并加以修改。

【习作片段】

汶川一震,天崩地裂,生命受难,家园摧毁,牵动了无数人惦念的情怀。而当我看到温家宝总理亲临现场指挥救援,又看到无数爱心人士排起长队捐款捐物, 还看见无数志愿者亲赴前线加入救援的时候,我发自内心高声呼唤:"看到你们,我很感动!"

——节选自学生习作

【链接材料1】

我没想到,在面临种群灭绝的关键时刻,斑羚群竟然想出牺牲一半挽救另一半的办法来赢得种群的生存机会。我更没想到,老斑羚们会那么从容地走向死亡。我看得目瞪口呆,所有的猎人都看得目瞪口呆。

——节选自沈石溪《斑羚飞渡》

【链接材料2】

但不知怎地,我总还时时记起他,在我所认为我师的之中,他是最使我感激,给我鼓励的一个。有时我常常想:他的对于我的热心的希望,不倦的教诲,小而言之,是为中国,就是希望中国有新的医学;大而言之,是为学术,就是希望新的医学传到中国去。他的性格,在我的眼里和心里是伟大的。

——节选自鲁迅《藤野先生》

教师点拨:也就是说,我们在运用材料的时候,要善于采用多种表达方式相结合的方法,特别是描写、抒情、议论等表达方式相结合,这样就可以在体现主旨、深化主旨方面取得较好的效果。

【习作片段修改】

汶川一震,天崩地裂,生命受难,家园摧毁,牵动了无数人惦念的情怀。而当我看到温家宝总理亲临现场指挥救援,又看到无数爱心人士排起长队捐款捐物,还看见无数志愿者亲赴前线加入救援的时候,我发自内心,大声呼唤:"看到你们,我很感动!"

活动二:习作引路

分享(一)

执着的你,让我感动

每当看到百花姹紫嫣红的绽放,我就会因它突围含苞而感动;每当闻到田间阵阵谷香,我就会因它累累硕果而感动;每当触到漫天飞雪的轻抚,我就会因它晶莹剔透而感动。感动,是一种美好的情怀,它给内心带来温暖,也会带来一份执着的力量。

那一日,我在家完成语文的背诵作业,我一遍一遍诵读龚自珍的《己亥杂诗》,心中突然被感动填充得很满很满。我仿佛手捧一片落叶,虽然外形完好,茎脉却早已干枯,随手飘零落地,它悄无声息化作春泥,这是怎样一种无怨无悔坚定的选择,我又怎能不为此而感动？如果真的能穿越时空，我一定会寻到龚自珍的面前，大声告诉他："看到你那以天下为己任而执着一生的博大情怀，我才明白'落红胜似有情物'是一份坚定的责任，执着的你啊，真让我感动！"

有人说："生命因追求美好才绽放精彩，而精彩无限才更加执着追求。"我敬重所有为理想而执着奋斗的人。还记得在阅读《假如给我三天光明》的时候，良久我沉浸于感动之中：一位度过了88个春秋，却熬过87年无光、无声之孤绝岁月的女子，究竟是什么成就了她不平凡的一生？每一次思忖海伦·凯勒充满艰难的一生，我都会因感动而泪洒衣衫，我知道自己感动的是一颗不屈不挠执着的心和一种永不言弃执着的态度。

生活中每一个执着努力的人，也同样会感动于我。还记得在2012感动中国人物颁奖庆典中，我认识了支教老师胡忠、谢晓君夫妇、无臂钢琴师刘伟，我无法说出自己的感动，只是任凭温暖的情怀在心中流淌。还记得2016年8月22日，我的眼睛紧紧地盯着电视屏幕，中国女排在决赛激战四局终于夺得冠军的时候，我激动得张开双臂紧紧地拥抱着电视机。女排队员们一张张淌着汗水的脸庞成为了我心中最美的面容。试想，如果内心没有始终如一的信念，又怎能有今日赛场上的从容？这就是执着的力量，它足以让一个人站在困难面前内心，无所畏惧，这种勇往直前的力量难道不会让你的心中充满感动吗？

司马迁忍受困顿力作《史记》；屈原遭遇放逐赋有《离骚》，左丘明不幸失明写著《国语》……执着追求理想的你啊，我又怎能不会因感动而涕零？一种豪情自心中涌出，不禁令我吟诗一首：

执着信念，感动于心；

执着追求，感动于情；

执着理想，感动于思；

感动——似清泉;如晨光

生命不息,希望无限······

分享(二)

成长路上,我多了一分梦想

成长路上,我梦想成为一名歌手,像百灵唱出动听的歌儿;我也梦想成为一名舞者,像孔雀舞动美丽的身姿;我还梦想成为一名画家,像春风润物描绘秀丽的景色。进入九年级,我的心中又多了一分新的梦想······

忙碌的毕业班生活,我梦想能成为一名考场上的胜利者。然而接连几次测验都不理想,第一次期中考试更是糟糕。晚饭后坐在写字台前,心里一阵烦乱:"这样的成绩,还能谈胜利?"随手就把卷子团成一团扔到地上。我茫然地走到窗前,一瞥眼看见了窗台上的那盆昙花。这盆养了三年却从未开过的昙花,正在蕴育着一颗鼓鼓的花蕾,皎洁的月光透过窗棂斜射在上面,越发显得无瑕。突然,梦幻般的景象出现了:饱满的小花苞先是裂开一个小圆孔,紧接着就一秒钟一秒钟被撑开,乳白色的花瓣像水晶雕成,一片片缓缓舒展。我看到了柔嫩的花芯,它使劲儿向外伸展,花腔里弥漫着杏黄的花粉。一瞬间完全绽放,每一片花瓣都散发出沁人的清香。我长长地吸了一口气,为之陶醉,思绪也随之飘散。为了这一刻的绽放,它整整积蓄三年,这足够的耐心和坚持,不正是我在追梦路上所缺少的吗?我回身捡起卷子,一点点铺平,开始认真修改每一道错题。那一刻我的心中又多了一分梦想,奋斗在迎接中考的路上,我要做一名不懈努力的坚持者。

接连三个小时的埋头苦学,当所有题目都弄明白的时候,我揉揉疲累的双眼,眼神定格在那朵依然绽放的昙花上,先前淡黄的朵朵花瓣,已变得雪白,越发显得恬静、纯洁。我的内心再次被震撼而荡起涟漪,也对"精彩"有了更深刻的理解:昙花经历三年的蕴育才有今天尽情的舒展，就像天空一定要经历暴雨的倾泻才能见到绚丽的彩虹,精彩的结果一定会经历艰辛的磨砺! 我拿起英语卷子,又开始做起练习。那一刻我的心中又多了一分梦想,奋斗在迎接中考的路上,我要做一名持之以恒的拼搏者。

学习的日子是艰苦的,每天堆着做不完的数学和物理,还有背不完的英语和化学方程式。稍有空闲就得拿起语文默写古诗文。每当累得两眼打架时,我就会抬头看看那盆昙花,细长的枝托着嫩绿的叶,悄然等待着再次开放的瞬间。每当这时,我的内心都会涌起一股动力而继续复习。那一刻我的心中便会又多一分梦想,奋斗在迎接中考的路上,我要做一名锲而不舍的逐梦者。

成长路上,每一分梦想都像一朵待放的花蕾,需要辛勤的汗水浇灌;需要坚毅的努力培土。成长路上,我的心中又多了一分梦想,我要做一名勤劳的园丁,培育我内心那每一朵梦想之花。

讨论:请结合今天所探究的"选材新法"和"用材写法",说一说这两篇作文给大家带来了哪些值得借鉴的地方?

请以自己的"作文一稿自评结果"和"例文写作效果"进行对比,填写《作文一稿自评总结表》,从而巩固或修订自己在作文升格中个性目标。

表 2　作文一稿自评总结表

	继续巩固的优势	需要改进的不足
对比例文 反思一稿		

第五环节：自主修改，升格

组织学生利用 45 分钟的时间，自主完成作文一稿的修改，也可以重新构思完成二稿，实现作文升格。

课堂小结：

今天，大家一起研究了"从教材入手"是拓展作文选材简单便捷的一种好方法；一起探究了使用材料的过程中，可以通过"细腻描写"来增强感染力，而"叙议结合"则是挖掘材料内涵的又一个好办法。作文修改的学习重在学以致用，以实现作文升格的修改效果。

第四编　研究实践

话题十三：

假金方用真金镀，
若是真金不镀金
——真话真情

　　雷崇德·卡佛谈到写作时说："你不是你笔下的人物，但你笔下的人物是你。"这就告诉我们，写作文应该做到说真话、诉真情。生活是多样的，每个人眼中、心中的生活更是异彩纷呈。学生在作文中学会说真话、诉真情，这是表达自我的方法，也是语文老师在作文教学中的一份责任。为此，能在大量的以表达自己真实思想和心理感情为中心的写作中提高写作能力，发展思维水平，把作文变成让学生说真话、诉真情的一片园圃，是语文老师在作文教学中的一项重要工作。

　　在作文中说真话非常重要，这不仅是写作文的需要，也是一种生活态度。只有敢说真话，敢吐心声，才能和读者在一种平等交流的氛围中以真换真、以实待实。分析目前作文表现出来的选材雷同、表达情感雷同、挖掘主题雷同等通病，究其原因还是一个"是否能说真话，诉真情"的问题。为什么会出现这样的情况呢？归纳起来主要有以下三个原因：

1. 对写作文缺乏观察积累

作文的本源是生活，作文要求"说真话、诉真情"其实是对真实反映生活所提出的要求。有些同学对日常生活少有观察，这也是因为没有养成勤于积累的习惯。动笔写作时，也就无材可用，无从下笔。这样写出的文章怎能不是东拼西凑，又怎能做到贴近生活、真实反映生活呢？

2. 对写作文存在片面理解

一提起写作文，还存在着和"考场作文"混淆理解的现象，认为日常写作文仅是为考试需要做准备。这样就把写作文和"模仿考场优秀作文"相等同，"人云我也云"。最终写出来的作文，是源于别人的生活，而不是自我生活真实的反映。

3. 对写作文存在畏难情绪

写作文的过程，常常是一个人自我思绪奔放流淌的过程。很多时候，由于学生的年龄特点和经历较少，会出现不知道这样表达是否完善、这样理解是否恰当等情况，也就不敢落笔写。其实，写作文说真话，并不是要求所说的话句句是真理，句句绝对正确，然而说真话，就存在着通向真理的可能性。我们只有树立了作文必须说真话的意识，才能把作文和生活统一起来。

那么，如何指导学生在写作中说真话、诉真情呢？

1. 突破束缚

长期以来，作文教学拘泥于教材要求，单元作文规定写哪个题目就写哪个题目，整体设计缺乏创造性。久而久之，学生想写什么，喜欢写什么的需求就被忽视了，自然对写作文没有任何幸福，甚至心生厌烦。怎样改变这一现状呢？重任就在我们的写作教学过程中。作为语文教师，我们要有意识地能为学生的自主写作提供有利条件和广阔空间，减少对学生写作的束缚，改进作文命题方式，提倡学生自主写作。为此，我们要大胆放手让学生练笔，引导学生在练笔中自由命题、自由选材、自由组篇……这样，学生就敢于把真实的话写出来，消除对作文的畏惧感。　　例如，军训结束后，组织学生自由创作，要求是：围绕一周的军训生活，自主选材、自拟题目、文体不限、字数不限。学生在比较宽松的习作氛围中自然而然地进入了"一吐为快"之境地，结果《帅气的教官》《保洁宿舍的由来》《我是一个"兵"》《竞歌食堂》《餐桌上的"光盘"行动》等一篇篇妙趣横生、情真意切的作文就诞生了。

2. 阅读引领

学生获取作文素材无外乎有两种：一是直接来源，即学生的亲身体验，二是间接来源，即学生的各种听闻、见闻。就阅读的效果来说，兼具了这两种素材来源的共性特点：通过亲身体验，了解各种听闻、见闻。在阅读过程中，不仅可以引领学生学习观察分析事物的方法，丰富词汇，领悟语言，学会表达，还可以促进学生正确的认识生活，从中获得间接的生活经验，汲取作文素材。

阅读包括两方面：一是高质量阅读语文教材要求阅读的课文篇目；二是高质量阅读教材以外的拓展文章。教材文章是教师对学生进行语文基本功训练和作文教学的好例子，毫无疑问我们必须要充分利用这一资源，但是要想使学生的见识更广泛一些，还要加大阅读量。古人云："读书破万卷，下笔如有神。"可见阅读与写作的关系十分密切。在阅读中，语文老师要注意指导学生养成良好的习惯：读懂文章，明白作者是怎样运用语言文字来表达中心的，切忌走马观花，囫囵吞枣；"不动笔墨不读书"，在读书时要善于把那些生动、优美的词语和精彩感人的片段摘录下来，还要勤于写读书心得。只有这样的海量阅读，才能帮助学生积累更多的语言材料，才能顺其自然地把阅读和写作结合起来。

在作文教学中,教师要充分认识到挖掘教材中真、善、美元素对于写作的重要意义,这是一条激发情感,认识体验生活、被生活触动的情弦,也是提高学生是非判断能力的一条捷径。例如,学习了部编本七年级下册《说和做——记闻一多先生言行片断》,可以引导学生写《令我钦佩的闻一多先生》《聆听先生演讲》等读后感;学习了《梦回繁华》,可以组织学生搜集课外资料,并采用第一人称的写法,以我看、我思的角度介绍《清明上河图》。在作文教学中,还要广泛开展课外阅读活动,帮助学生有组织,有计划,有指导的进行阅读。《语文课程标准》对阅读提出具体要求:学会制订自己的阅读计划,广泛阅读各种类型的读物,课外阅读总量不少于 260 万字,每学年阅读两三部名著。试想,如果学生的写作建立在大量阅读经验的基础上,那么摘录积累大量精彩的句、段就是促进学生读、写、思相结合的一个好方法。在读的过程中学习、感悟作者观察事物、分析事物、遣词造句、连句成段、连段成篇的方法与技巧,指导学生在读中悟写、读中学写,从而促使自己内心的真话、真情如涓涓细流,自然流淌。

3. 感悟生活

"生活如泉源,文章犹如溪水,泉源丰富而不竭,溪水自然活泼地流个不歇",叶圣陶先生这句至理名言就告诉我们作文素材的来源问题。生活是作文的源头,学生作文的思想、观点、感情及一切材料均是来自于他们的现实生活。如果学生接触的事物多,见识广,他们的阅历就会丰富多姿,感受自然也深刻,写起作文来就更得心应手。因此作文指导的切入点,还是应该深入挖掘作文与生活的密切联系,把生活素材变成作文题材,帮助学生认识到写作文是生活的需要,作文内容即是生活本身。

学生的生活内容可谓多姿多彩:学校里,多种多样的活动场所，如教室、实验室、图书室、操场、食堂等；家里，多种多样的活动形式，深夜埋头苦学、家庭聚会、做家务、学画画、读课外书等；社会上，丰富多彩，气象万千，繁荣的市场，奇异的家乡变化，节日的彩灯，各种马路见闻等，这些都是充满着时代特色的新鲜材料。写作文时，这些所见所闻、所思所悟的作文素材，怎样才能信手拈来呢？观察尤为重要。观察是说话的前提，是思维的基础，没有细致的观察，学生是不能把话说清楚，把文章写具体的。语文老师要有目的地、有计划地引导学生留心观察生活，用眼睛留心观察周围的人、事和景物，用耳朵听取大众语言，听取生活中种种声响，用心去感受生活脉搏，训练学生通过多种感官认识世界，从客观世界中摄取多种营养，不断充实，丰富知识，陶冶情操，尽量增加接触社会，接触自然的机会。

《语文课程标准》明确提出："多角度观察生活，发现生活的丰富多彩，能抓住事物的特征，有自己的感受和认识，表达力求有创意。好的作文教学就应关注学生的生活。"在作文训练中，教室绝不是我们写作文的唯一环境，走出校门，亲近自然，拥抱生活、体验生活，才会发现更加广阔的作文天地。为此，就要引导学生从"我"的世界走向"周围"的世界，从"我"的生活走向社会生活，学会关注天下事，关注身边人和事。从生活中选取素材，写喜欢的人和事，写感兴趣的话题。例如，写房前屋后的蒲公英，先观察它们的姿态，再查资料了解功用，最后动笔写作。生活中可写的东西有太多太多，留意生活，真心去感受生活，作文就不是为难事。引导学生关注生活、体验生活，常见的方法策略主要有三种：

（1）倾吐真言

有些时候，我们对于作文素材的教学没有把主要精力花费在提炼生活这一方面，而是习惯于从作文题目入手，强调对素材主题积极意义的挖掘。试想,学生的作文来源如果不是对生活的发现与思考,而是对着题目闭门造车,怎能说出心里话? 为了引导学生在作文时关注生活,倾吐真言,我们可以设计三个问题,帮助学生完成选材:想清楚有哪些真实想法了吗? 这些想法准备向谁说出来呢? 打算通过哪些人或事,把这些想法表达出来? 思考清楚这三个问题,实际上就基本完成了选材和构思的环节。例如,写作文题《珍视》,当学生思考了这第三个问题之后,选材从"珍视亲情"的单一雷同素材开始变得丰富起来:我家争吵也是爱,偶像奶奶,最美历史老师,马路天使小姑娘,小溪枯涸裸露出来的溪石,纯净水养鱼的经历等等,雾霾中的行走,等等。作文教学返朴归真的关键,即是引导学生写出埋在心底最想说的话,必然有益于让文章充满真情实感。

(2)语文活动

心理学指出:"兴趣是人认识某种事物或从事某种活动的心理倾向,它是以认识和探索外界事物的需要为基础的,是推动人认识事物、探索真理的重要动机。兴趣包括人的爱好,但当人的兴趣不只是指向对某种对象的认知,而是指向某种活动的时候,人的兴趣便成为人的爱好了。"由此可见,"有无兴趣"是学生能否写好作文的前提,而"激发兴趣"是教师指导学生写出好作文的第一项任务。为此,利用各种语文活动激发学生表达生活的愿望与激情,是引导热爱写作的契机。例如,课本剧表演、成语接龙、读书分享、词汇量PK、诗词大会、即兴演讲,我的视频 DIY 等语文活动,都是增强语言积累、感悟生活的趣味活动。

(3)社会实践

为了促进学生写作能力和认识能力的同步发展,帮助他们写出具有真情实感的作文,教师还应鼓励学生走出课堂,在更加广阔的社会环境中学会观察、认识、体验，在平凡中发现不凡，在平淡中寻找新奇，开拓视野，增长见识。例如，指导《我们的社区，爱你没商量》这篇作文，我组织学生仔细观察自己社区的环境，感受社区环境的优美，仔细观察自己社区的邻里，感受社区人与人的和谐美，组织学生设计问题开展采访活动，采访社区物业工作人员、超市营业员、小院里种花的大爷、社区医院的医生等，学生们在采访中了解到社区生活方方面面的情况：养老就医、停车管理、配餐送菜、邻里关系、社区卫生等，都是一直就在身边却一直都不知道的话题，当自己把这些感受都写进作文的时候，字里行间所流露出来真情实感自然就是"爱你没商量"。

4. 增强体验

体验到的东西因为真实在大脑记忆中留下的印象是非常深刻的。学生时代，增强体验的主要渠道依然是课堂，主要介质是教材。语文教材中的文章大多是名家名篇，不仅语言优美，而且包含了丰富的思想情感，即使是一些说明文，也写得趣味盎然，引人入胜，隐含着作者的审美情趣。学生在阅读中增强身临其境之感，即可拨动情感的心弦，抽象的语言文字学习就会变得情趣盎然，有滋有味。在课堂教学中，增强体验的主要方式有以下三种：

（1）诵读——体会语言感染力

在一定条件下，人的情感可以相互感染、相互影响，从而产生相同的情绪体验，诵读教学即是这样一个简单便捷的有利条件。例如，学习部编本语文教材七年级下册《黄河颂》，以朗读为教学切入点，充分调动学生的阅读兴趣、抑制注意力的分散，以读激情，化无声文字为有声语言，声情并茂，增强阅读形象感、意蕴感、情趣感。这样学生在完成《诵黄河，写我情》的作文时，就能身临在"黄河以雄壮的气势，奔腾祖国大地上"的豁达情境下，写出来的文字自然体现出明快雄健、节奏鲜明、音节洪亮、自由奔放等特点。

(2)音乐——体会文字感染力

单纯的语文教学,虽然蕴含丰富的知识,但有时也会因为纯文字而略显枯燥;单纯的音乐,虽然充满快乐,但有时也会因其娱乐的特性在学习中略显简单。如果能把语文与音乐结合起来,在相互补充、强化中突显语文学习的知识和意境,就是一种和谐的融合。《毛诗序》有言:"情动于中而形于言,言之不足,故嗟叹之,嗟叹之不足,故咏歌之。"可见,用音乐为语文课锦上添花,用音乐激起学生学习语文的兴趣,促进学生学习语文的主动性和积极性,使学生在音乐的熏陶下丰富语文学习活动的体验,是有利于作文素材积累的。学习《背影》,播放歌曲《父亲》,再请同学描述我与父亲的生活点滴;学习《水调歌头》,播放歌曲《明月几时有》,再请同学畅谈我心中的诗词歌赋;学习《雨的四季》,播放钢琴曲《雨的印记》,再请同学说一说记忆中的三月春雨……贝多芬说:"音乐能使人的灵魂爆发出火花。"由于音乐长于表达感情,也最容易触发听者的感情,如果在音乐欣赏中再加入文学色彩,再融入创作情怀,其共鸣效果就会更为显著。实践证明,每一次音乐情境下的读写结合训练,都能取得较好的效果。

(3)表演——体会情境思考力

作文过程中的情境表演,有利于换位思考,而激发出心中真言。

例如,在《赠人玫瑰,手有余香》的作文指导课上,有一位同学选取的素材是"公交车上让座位",叙述了当时的基本情况:我背着大书包给老奶奶让座位,坐在身旁的阿姨立刻移出一点地方,让我放书包。结合这个素材,我们设置个三个表演情境:

情境一:请作者演一演背着大书包的自己,体验决定"是否让

出座位"时的心理;

情境二:请作者演一演年迈的奶奶看到自己让座位时的反应;揣摩她当时的心理;

情境三:请作者演一演坐在自己旁边阿姨,表现出她给自己让出地方放书包时的样子,揣摩她当时的心理。

三次表演之后,学生写出的作文,动作表现生动,语言符合三个任务的特点,心理描写丰富细腻。由此可见,作文课上,组织情境表演,对于学生作文的一气呵成、精巧构思、语言运用、深思感悟都很有指导意义。

接下来,继续讨论的一个话题是:指导学生在写作中说真话、诉真情的实践路径有哪些?

1. 做好作文真话真说的储备

想要让学生在作文中"说真话",最重要的前提是学生能提前做好"说真话"的素材储备。叶圣陶先生曾经说过:"不说二十将近的青年,就是刚有一点知识的幼童,也有他的积蓄。"其实学生们可以表达的东西有太多太多,关键就在于作文时如何开启学生们"真话"的素材储备。写作素材的积累方法,主要有五个,见附表一:

附表一:"真话"素材储备的具体方法

生活素材积累方法	
素描法	及时记录下生活中那些有特点的人物、有特色的场景。
叙述法	及时记录下生活中那些觉得有意思的事情。
直觉法	及时记录下生活中那些引起自己内心活动而产生的感觉。
发现法	及时记录下生活中那些发人深省的思考。
抒情法	及时记录下生活中自己的喜怒哀乐等心灵独白。

生活是一个万花筒,是写作永不枯竭的源泉。面对瞬息万变的日常生活,时时睁大一双锐利的眼睛,带着一颗像雷达一样敏感的心灵,生活中蕴含着取之不尽、用之不竭的鲜活素材。

2. 扩展作文真话真说的空间

对于老师而言,我们一方面可以放宽写作文时作文题材和内容方面的限制,给予学生更多的选择空间,学生可以根据主题想到什么就写什么,以此将大家的真情实感调动出来。另一方面,我们也要多提供给学生他们感兴趣的材料和情景,顾及学生们的认知与感受,帮助学生乐于表达自己的情感。例如,在学生的习作中,既鼓励表达现实生活中积极美好的一面,也允许他们表达自己消极低落的某些情绪,而在内容基础上的理性思考是一个关键的环节。

在作文教学中,还可以通过更新文题的形式,使作文教学具有鲜明的时代气息,从而扩展学生说真话的内容空间。例如,《往事难忘》,是从小学写到初中重复性很强的一个作文题目,学生写作时还能再产生哪些新鲜感? 如果把题目更新为《穿越回那一段时光》,其想象的空间就随之而来,在哪个环境里穿越回来? 打扮成什么样子穿越时光的隧道? 穿越回来是重复那一段时光还是有所改变? 这些思考,其实都是对素材积累的一种促进。

3. 运用作文真话真说的技巧

学生在作文中"说真话",还需要锻炼学生"说真话"的表达技巧。如果仅有写作素材和欲望,并不一定能够写出动人的作文。很有可能自己写完之后泪雨滂沱,别人看来却无动于衷,造成这种结果的原因就在于缺乏真挚表达情感的方法,介绍如下三个技巧:

首先,要学会生动描写。描写能够令描写对象表现得更加形象逼真,可以如见其人或如见其形,如闻其声,如临其境。

其次,要运用丰富的语言。作文中的语言可以是丰富多彩、不拘一格的,无论是词藻华丽还是语言朴实,只要能打动读者,都是值得推崇的。

再次，要善于运用联想和想象。联想和想象是写作文表达作者主观情感的两个主要手段。学会联想和想象的技巧，有助于作文的独创，创造出新形象；也有助于强化形象，使人或事物更加深入人心。

例如，杨绛先生的《老王》中有这样一段描写："有一天，我在家听到打门，开门看见老王直僵僵地镶嵌在门框里。往常他坐在蹬三轮的座上，或抱着冰伛着身子进我家来，不显得那么高。也许他平时不那么瘦，也不那么直僵僵的。他面如死灰，两只眼上都结着一层翳，分不清哪一只瞎，哪一只不瞎。说得可笑些，他简直像棺材里倒出来的，就像我想象里的僵尸，骷髅上绷着一层枯黄的干皮，打上一棍就会散成一堆白骨。"这段文字中通过对老王的神态、外貌、动作等多方面的描写，，也调用了作者的联想，写出了老王当时的身体状态，也写出了老王实心实意地做着一切他自己以为该做的事的实际情况。

总之，生活是真实的，作文也应当是真实的，教师在作文教学中要坚持"打假"，鼓励学生不仅敢说真话，而且要有真话可说，学生一定能用自己手中的笔展示水晶般的心灵，再现生活的五彩缤纷。

【写作实践交流】

教学设计分享

《说真话，抒真情》教学设计

【教学目标】

1.理解"说真话，抒真情"的作文效果，揣摩"说真话，抒真情"的途径。

2.鼓励写"说真话,抒真情"的作文实践,培养"说真话,抒真情"的作文态度。

【教学重点、难点】

理解"说真话,抒真情"的作文效果,引导学生学会在写作中说真话,抒真情。

【教学方法】以读导写,以写促知,读写结合。

【教学时间】2课时

【教学课型】作文指导课

【教学过程】

第一课时

一、导入

1. 情境分析

写作文题《战胜自我》,有同学写自己的父母死去,也有同学写自己遭到车祸等等,以此来证明自己是如何战胜脆弱的自己,而显示出坚强的内心品质。请思考:这样的选材能否收到预期的写作效果,令人感动不已呢?

2. 出示一段名言,学生思考这段话对我们的写作提出了什么要求。

什么叫写作?写作就是把自己心中的一切都敞开,直到不能再敞开为止。写作也就是绝对的坦白,没有丝毫的隐瞒,也就是把整个身心都贯注在里面。

——奥地利 卡夫卡

二、讲授写作知识

1.为什么作文中要说真话、抒真情?(真情实感才能真正感人至深)

2.什么是说真话、抒真情。(简言之:以我手写我心)

三、生活实践体验

【环节1:例文片段引路】

初秋的白桦树还没有卸去夏的衣裳,树干上的"眼睛"连成一片。秋日午后的阳光洒在洁白的树干上,树上的"眼睛"更显深邃宁静。一双温暖的手放在了我的肩上。我抬起头,老师不知何时悄悄站在了我的身后。"为考试成绩着急了?"那轻柔的声音透着关切。我的脸腾的一下子红了,点点头。老师轻轻地抚着树干:"只要有水的地方,就会有白桦树的身影。你看这些疤结,像不像一双双透视万物的眼睛?"我不解老师的意思。老师继续侃侃而谈,"珍贵的树木总是慢慢成长,几十年,上百年,风霜、雨露都是它们必须经历的。这些'眼睛'其实就是它们的伤疤呀!和平滑的树干相比,这些"眼睛"显得粗糙许多,但正因为有了它们,白桦树才显示出一种独特的风姿。"我似有心动,也一下明白了老师蕴含在这些话语中的深意。是呀,成长的路上怎能不经历风雨?只要无惧困难,我也能一定能成长为一棵挺拔的白桦树。那天之后,伴着第一缕阳光我走进学校的大门,总会抬头望望白桦树的那些"眼睛"。我知道自己的心里也多了一双眼睛,在课上打瞌睡的时候,默默地责备我;而当我解决一道难题时,它仿佛又为我欢呼"好样的"。冬去春来,第一次模拟考试我全科大捷。不由自主地我到那走到了那棵白桦树前,树上的"眼睛"仿佛焕发出熠熠光彩,我深深鞠躬,感谢它给了我面对困难的勇气和信心,也从心底感谢我的老师!

学生活动一:请独立思考,这个语段是否表达了作者的真实内心世界?

学生活动二:请从"说真话 诉真情"的角度,给这一段文字写一段评语。

【环节 2：给语段找问题】

傍晚，蔚蓝色的天空飘着鹅毛大雪。我背着书包，顶着西北风，走在回家的路上。我刚到十字路口，忽然看到一位七八十岁的老爷爷从小区大门里飞快地跑出来。这时，正好有一辆汽车飞快地开到了老爷爷跟前。就在这千钧一发的关键时刻，我的脑海里立刻闪现出老师在课堂上对我们进行舍己救人、无私奉献等品质的教育。我一个健步跨上去，扶住了老爷爷。"嘎"地一声，汽车在距离我不到一米的地方也停了下来，老爷爷脱险了。马路上的行人纷纷把我们包围起来，异口同声地说："太危险了，这孩子，真棒呀！"听到了大家的夸奖，我的脸"唰"地红了。

学生活动：请独立思考，找出语段中不真实的地方，小组内部进行交流，看一看大家的观点是否一致，并说明理由。再想一想这个语段带给你的写作启示是什么？

【环节 3：学习方法总结】

请以《散步》《秋天的怀念》《从百草园到三味书屋》《走一步 再走一步》几篇课文为例，说一说：写一篇作文，怎样才能做到说真话抒真情？

学生活动：小组讨论，总结出相关方法之后，全班交流。

教师点拨，突出四个策略：

1.做一个真实的人，留心观察挖掘真实的生活瞬间、生活场面。

2.选择最打动自己心灵的内容来写，写出自己的深切的真实感受。

3.参考课文类似的写法，学习借鉴一些技巧。

4.学习优秀范文，但不可以抄袭。

【环节 4：创作实践练习】

给下面一句话续写一段文字，侧重于表达自己的真情，字数在

200 字左右。

看着这道几何题,我在草稿纸上已经画了四五个图,还是一点思路都没有。这时候,我想……

学生活动 1:独立写作。

学生活动 2:小组交流,组内做好方法点评,并推荐到全班交流。

四、总结

说真话,抒真情就是要求从我们熟悉的人和事,从自己切身体验的生活中,寻觅曾经打动过自己的东西,将或喜或悲、或憎或爱的感情集中到一点,简单地说,就是"我口说我心,我手写我心",让别人阅读我们的真心,即:从曾感动你、使你动情的方面入手。

在作文中我们要养成说真话、抒真情的习惯,说自己的心里话,表达真实的情感,才能打动人,感染人,教育人。

第二课时

作文实战:文章题目:那一次,我_____

要求:(1)在文题的横线上填写表达某种情感或心理的词语。

(2)要说真话,抒真情,写出真实感受。

(3)字数在 500 字以上。

【教学反思】

引导学生在作文中"说真话 诉真情"的关键就是"事真情浓"。

在写作时,千万不要以为只有高尚、伟大的情感才能让读者产生强烈的共鸣。生活中有形形色色的人,人的思想境界、审美情趣也是形形色色的。每一位作者抒发的感情,一般说来,即使面对同一景物,由于作者的个性素质和心境不同,他们的感受也不可能一样。因此,一定要选择自己的生活阅历,书写自己的情感而抒发自已真切的体验,以产生"以我情来动人"的效果。

心理学家告诉我们,情感有浓淡之分,浓烈深挚的情感来源于主体深刻的体验。这就说明,我们在写作文时要选那些自己融入其中的、自己被深深感动了的材料,只有自己先感动了,才能感动别人。

他山之石,佳作分享

值得铭记

童年时和小伙伴一起槐树下嬉戏的欢笑,我一直铭记在心;少年时与月光相伴《哈利·波特》的惬意,我也铭记在心;十四岁告别少先队时发出的庄严誓词,我依然铭记在心……

回眸成长,值得铭记的往事又太多,特别是那一天……

八年级的一节数学课,王老师讲完新课就测验。当我把还有五道空题的卷子递给王老师时,他皱了皱眉头,低声问:"没听懂?"我不好意思地点点头。老师立刻拿起粉笔熟练地写下三条公式,又耐心地讲了一遍。果不其然难点迎刃而解。我定睛地看着黑板上的板书,悄声告诉自己:"一定要牢记这些讲解哟!""今天的知识,这三条公式是法宝,中午休息时把这几道空题再做一遍。"听着老师的嘱咐,看着老师转身离开教室的背影,我感激地点头答应。

午饭后我早把老师的作业忘在脑后,一直打篮球到午休快结束。一进教室,正看见王老师站在我的书桌旁,才猛然想起他的要求。我挠挠后脑勺,红着脸解释:"对不起,刚才忘记了。""没有反复练习的过程,怎能熟练掌握解题方法?"老师那严肃的声音和表情,一下子令我惭愧不已。三下五除二,我赶紧写完上交。当老师把全优成绩的卷子发还给我时,还多了一行娟秀的小字:请牢记自己的承诺,说到也做到,这种美好的品质,就叫责任心。我的眼睛一下子湿润了,一股暖流涌遍我的全身,抬头看着老师那鼓励的目光,我深深鞠躬,心里默念:"谢谢您,我的老师,您就像一座航标,时刻指引着我前行的方向。您的教诲,值得我永远铭记在心!"

夜深了,我仍在台灯下奋笔疾书。微信响起,是王老师的信息。我先是看到两道题,还有答案,后面是老师的一段语音留言:"这两道题和今天所学是一个类型,再练一练。攻克学习的难关来不得半点松懈,只有经过不懈地努力,才能不断积蓄前进的力量!"我的心不禁一震,眼前又浮现出老师那圆睁的双眼流露出的信任。我深深吸一口气,仿佛是要把这份美好的情感注入内心最深处。我知道自己铭记在心的,不仅是一份嘱咐,更多的还有老师那慈母般柔软的关爱和严父般厚重的期望!

成长路上,王老师的教诲值得我永远铭记。这些温和而又充满力量的话语,就像夜空中那颗最亮的星,召唤我不断地前行着。感恩老师,您每一点一滴的教诲都像一座明亮的灯塔,引领我徜徉学海;又像一朵盛开的智慧之花,把收获的喜悦化作芬芳,沁入我的心脾。感谢您,我的老师,成长中您的陪伴值得我永远铭记!

话题十四：

一湾死水全无浪，
也有春风摆动时
——动态生成

《现代汉语词典》对"动态"一词的解释是：动态，指（事情）变化发展的情况；艺术形象表现出的活动神态；运动变化状态的或从运动变化状态考察的。借此词义，作文的动态生成，即是指一种基于以学生为主体，充分尊重学生创造个性、全面推动师生、生生相互交流、相互促进、交互作用的教学过程，其本质是一种对话、活动、包容和共享的关系。教师组织学生用"动"的行为方式把自己对作文的构思意图表达出来，从而体现学生自己是写作的唯一主人。

一、作文动态生成——意义分析

"作文的动态生成"是针对传统的"静态作文"教学模式而言的。传统作文教学一般由四个步骤：出示题目、简单剖析、提出要求、限时写作。很显然，这是以教师主导为中心的"独角戏"模式，学生的写作思维是僵硬呆板、教条划一的静止形态。而作文的动态生成，强调对学生创作思维的调动，强调写作过程中的多信息传递与交流,从根本上唤醒写作的生命活力。

写作过程的意义包括两个方面:作为一种探索自我的活动,它寻求对自我内心的积极审视与教育启迪;作为一种表达活动,它通过交流与沟通,分享体验思想的快乐、人性的美好和生活的感悟。传统的作文教学,常常把写作看成是一个瞬间成文的结果,却忽视了成文的整个过程,包括成文前的思考,成文中的交流与再思考,以及成文后的反思。而写好作文恰恰需要关注的正是这个全过程,这就是研究作文动态生成的意义所在:写作是在动态思维的积极活动过程中完成的,作者通过写作与生活对话、交流,尊重了学生在写作过程中的独特体验。

二、作文动态生成——特点分析

1. 开放

(1)文题开放

传统作文命题,基本上是教师完成教材的作文教学任务,或学生完成教师规定的文题。其实,在日常作文练习过程中,题目类型和形式也可以多种多样,我们要有勇气打破教师的专断地位。例如,打破《一件有趣的事》《快乐的星期天》等常规题目的命题形式,教师应该结合学生年龄特点和时代特点,不断更新题目形式,以达到引人入胜的效果。例如,如果把上面两个题目改为《兴趣,甜蜜的牵引》《周末是首歌》,对学生的吸引力即可陡然增加。

文题开放,还可以把作文练习中的命题权还给学生。形式有三种:第一,完全放开,请学生根据自己的兴趣,自拟题目。例如,请根据自己的具体想法,自选素材,自拟题目。第二,部分放开,学生根据规定的情境,自拟题目。例如,阅读以下四个看法(1)出发,才能到达。(2)一本书,只有知道了书的结尾,才会明白书的开头。(3)大自然中一切的结束,都喻示着新的开始。(4)我像是在围绕一个圆奔跑,越接近终点,就越接近起点。对于"开始和结束"的话题,上面四个材料引发了你哪些联想与思考? 请你写一篇文章,不低于 600 字,可讲述经历,可阐述观点,可抒发情感,可……第三,可以从几个题目中,选择一个自己感兴趣的题目,即自选题目。例如,《我不是柔弱的花朵》《回望来时的路》《从脚下出发》三个题目中,任选一个,写一篇文章,不低于 600 字。实践证明,学生有能力拟出新颖的、合适的题目,学生喜欢写自己感兴趣的题目。

(2)文体开放

学生的习作主要是"练笔"性质,为减轻学生的写作压力,让学生自由倾吐自己的所见所闻所感,文体的界限可模糊些。例如,学习写实用类文体,联系内容是:请学生给班委会提一提合理化建议,学生可以运用应用文知识写"建议书",也可以以书信形式致班委会一封公开信,还可让学生以随感的笔触加以表达。这样,从文体上营造较为宽松的氛围,能促使学生乐于写作。

另外,不要仅是拘泥于记叙文、议论文、说明文这三大文体的写作。可以将学生较为熟悉的广告词、现代诗、童话、故事、寓言等写作形式引入学生习作,教师可以适当介绍一些简单的创作技法,例如,有意识地引导学生搜集一些媒体中的广告词,再引导学生概括出写广告词的基本要求:幽默风趣、简洁易懂、语言生动、特点鲜明等,然后请学生试着为家乡的鱼片、杨梅、山楂、小面、饺子等特色食品做宣传;也可以为自己的家庭美食写一段广告语;甚至可以为自己学校设计广告词,汇总后提交学校的相关管理部门。

(3)材料开放

初中学生的作文,大部分是强调写真人真事的。其实,虚构是一种"生活的真实",它与凭空捏造有根本区别。合理的"虚构"情节,也是一种艺术加工,不与生活常理相悖,感情真实也应该是允许的。从单纯强调写实到鼓励丰富想象的训练,也是作文训练中材料开放的一种表现。

互联网的强大信息量为学生提供了非常丰富的写作素材库,丰富的图文、声像资料,入情入境。写景物,可以搜索"自然风光";写事件,可以浏览"时事新闻";写动物,可以查看"动物世界"……写记叙文,可以首先阅读大量的文学作品;写说明文,可以阅览丰富的科技科学资料;写议论文,可以积累丰厚的至理名言……这些都是开放材料的具体来源,打通了学生书面表达和生活阅历的关系,学生无需再为作文素材的"无米之炊"而绞尽脑汁。

(4)过程开放

学生在现代生活中贮存的素材非常丰富,各种奇思妙想都应该是最新鲜的写作素材。而传统作文教学更加强调从句到段再到篇的结构训练和语言表达的技巧训练。这就说明作文教学的过程需要面临新的突破——有序训练和无序训练有机结合、互补共存。例如,鼓励学生创作的记叙文改编成小剧本,再排演成短幕剧。这样就可以引导学生自然地进入写作状态,消除内心对写作的神秘感、抵触感。

长期以来,作文教学陷入了每周一篇周记的写作练习模式,然而,如果学生没有写作的灵感,这样的写作练习就会以学生草草应付而匆匆结束,并不能很好地培养学生的写作能力。因此,改变写作的频率,在合适的时间进行写作训练是非常必要的。例如,平时的作文训练应以片段练习为主是比较合理的安排,在学习朱自清的散文《春》以后,在课堂上让学生仿写季节——秋,要求学生写出秋季的一两种特点。在老师的引导下,学生纷纷找到了秋季的一些事物——落叶、霜露、果实等等,并对其进行描写,大多数学生在二十分钟内都出色地完成了不低于250字的写作练习。

(5)评价开放

传统作文评价使用的是"一个标准"，而作文过程不是作文考试，有更多的机会可以因人而异。只要学生在原有起点上有进步就大加鼓励，进行佳作展示。具体做法有如下两个建议：

软化"统一评价标准"，不以考场优秀作文为参照，强化"自我标准"，倡导"绿色评价""希冀评价"。

软化"唯一评价主体"，倡导评价的互动性，构筑"学生评价、家长评价、教师评价、自我总结评价"相结合的多层次立体式评价体系。

2. 随机

(1)训练形式随机

注意因材施教，随机调整作文教学内容，不为教材所束缚，不为考试所束缚，善于调动学生的写作欲望

(2)训练时间随机

不把作文训练只放在作文课上，课前演讲、时事评论、阅读结合写作小练笔等训练可随机穿插在语文学习的过程中。

(3)指导方式随机

根据实际需要，可以是教师先指导再写作，也可以是学生自由思考直接动笔写作或组织学生讨论互相启发后自由写作，还可以先写作再统一讲评，等等。

3. 连接

(1)跨学科连接

作文训练与各学科教学相连接，跨界指导。例如，生物课上的实验小论文写作，音乐课中对歌曲的欣赏，劳技课中手工制作的介绍等都可以让学生诉诸笔端。

(2)与生活连接

作文训练与社会生活相连接。例如,组织"热点话题"论坛活动,环保、网络、和平、食品安全等等,引导学生在观察、发现、思考的过程中有事可写,有感而发。

(3)课内外连接

连接课内与课外阅读。例如,组织学生成立文学社团,通过诵读分享、读书交流等形式引导学生广泛阅读文学作品,触发学生的审美想象与情感,丰富学生的心灵世界。

4. 交流

写作时,增加同伴交流的时间、空间,允许与同学、家长、老师商量,鼓励时时互助。独立完成一篇作文,是传统作文教学最常用的方式。而随着作文方式和题目的多元,还可大胆突破这一固有条框。有些文题,需搜集较大量的材料,可组织以小组为单位互动互助完成。

【案例分析】

以小组为单位写作《日新月异的电脑》,以说明文或调查报告的形式合作完成。每个小组成员从个人不同角度来介绍,通过小组研讨再把各位所写的材料有机连缀在一起。这样的练习,有利于改变原千人一面的沉闷写作气氛,而变得充满活力与魅力。

三、作文动态生成——训练策略

1. 在对话中生成训练文题

很多次作文训练,我们已经习惯了带着作文题目去上课的传统模式。其实,在对话聊天的和谐气氛中,抛出文题,也是一种非常实用的训练方法。对话的范围可以很广泛:喜爱的体育项目,最近的各种赛事,热点话题,自己的心理感受或对某个事物的看法,等等。聊天可以促使老师及时发现学生共同关注的内容,随机生成作文题目。这样就缩小了学生与作文题目之间的距离,是学生想写,乐写的内容。

2. 在活动中生成新鲜素材

(1)利用教材,读写结合

文题形式	特点概要	文题练习目的	基本要求	例题演练
扩写	添枝加叶	培养学生扩张句子、段落的基本能力;进一步发展扩充篇章内容的能力;进一步提高使故事更充实、情节更丰富的能力。	(一)明确两个误区: 1. 扩写不是为了扩充篇幅,而刻意增加字数。 2.扩写不是随意添加,依然要尊重原文的主题立意。 (二)明确两个要求: 1. 努力寻找扩写点,抓住扩写重点。 2. 展开想象,大胆扩写,不随意改变原文的主题意思。	扩写《天净沙·秋思》,生动具体地表现出这首名作的景、情、境,表现出天涯沦落人的孤寂愁苦之感。
仿写	依样画葫	通过引导学生对基本句子、片段进行仿写,进而完成篇章仿写。从形式上求相似逐渐深入到句法、篇章等写法的相似,激发创意想象。在模仿中迸发出创造力,是仿写训练的理想目标。	1.所选取的题材,不管是句子、片段或完整的短文,都必须是严谨的范例。 2.提出明确的仿写要求。	请体会下面片段的句法,仿写一段话。 盼望着,盼望着,东风来了,春天的脚步近了。 一切都像刚睡醒的样子,欣欣然张开了眼。山朗润起来了,水涨起来了,太阳的脸红起来了。
缩写	化详为简	提高学生整合资料的能力,进一步提高推敲、剪裁、概括、衔接语言文字等能力。	一、掌握文章主旨内容、关键词,做到把握要点且保持原貌。 二、把详细具体叙述,提炼为概括性说明,高度浓缩,简明扼要。 三、注意重新组织文辞,流利通顺,文句之衔接自然严谨。	阅读《三打白骨精》,缩写成一段200字左右的概要。并思考:围绕孙悟空坚定不移、机智勇敢的斗争精神,哪些是主要内容,缩写时可以保留?
续写	创造再完成	训练学生组织文句、衔接上下文的能力,提高作文构思中调用想象的能力。	1. 确定原文中心和主要情节,合理想象安排续写情节。 2.注意人物的言行、心理都与原文的人物性格保持一致。	阅读莫泊桑小说《我的叔叔于勒》,续写文章结尾部分:回来的时候,我们一家没有买到圣玛洛船的船票,依然坐上了来时的那条船……

文题形式	特点概要	文题练习目的	基本要求	例题演练
改写	改头换面	提高能够用诗歌、戏剧、短文、寓言、小说等多种文体形式进行表达的能力，进而培养学生综合表达的能力。	1.无论是语法、语序、情节等哪一方面的改写，都要提前做好构思，做到适当、合理、必要。2.尊重原文立意，注意对改写文字的润饰美化。	冰心的《谈生命》以"一江春水"和"一棵小树"的经历，揭示了生命的生长、壮大、衰老以及生命中苦痛与幸福相伴相生的规律。请改写为一首现代诗歌，表达出生命奋斗不息的意志和豁达乐观的精神。

(2)利用阅读,序列写作

读名著,主要是读经典名著及中学生喜欢的当代作家作品,还有名人传记。如果只是泛泛而读,很难取得高质量成效。在读名著的系列活动中,配合各种活动展开,对于提高读写结合的训练效果是大有裨益的。具体做法推荐如下:

起始阅读——摘录句段。这是第一阶段的阅读,即浅层阅读。主要是学生的随心而读,积累相关语言素材。例如,选读同一部名著的可以组成一个小组,定期进行交流。交流形式不限,可以是朗读、讲故事,或者使用 ppt,用手抄报展示成果等。

进阶阅读——书写体悟。第二阶段的阅读是较深层的阅读。根据阅读的书目,由老师设定多个话题,学生自由挑选,撰写书评。同一主题的学生可以组成相应的阅读小组,分好小组之后,开展有针对性的精读式探究。

【案例分析】有一个小组为了完成"生命价值"这一主题写作,选择了余华的《活着》、巴尔扎克的《欧也妮葛朗台》和海伦·凯勒的《假如给我三天光明》《再塑生命的人》等阅读内容。阅读后的讨论会上,围绕"究竟怎样活着才是体现生命的价值呢?"展开激烈讨论,最终得出了他们小组的写作主题:人们由于活着的境况(社会制度、社会阶层、家庭环境等)不同,追求的人生目标也就不同,最终活着的价值就各不相同了。

分享阅读——表达关注。一个对生活没有感悟、缺乏对社会关注的学生是很难在有限的时间内写出观点鲜明、语言鲜活、思想深刻的好文章的。为此，开展以"时代先锋"为主题的分享阅读，就显得非常有意义。例如，教师坚持每周拟定一个新闻话题，组织学生收集与该话题相关的热点新闻或时事评论。学生选准一个切入口，给相关的新闻写100字左右的短评。每周用一节语文课进行课堂交流。把那些典型素材及独到的见解及时整理出来，定期装订成册。

【案例分析】讨论"中国式"这个话题，小组同学经过查找资料，重点锁定两方面话题：

第一，民族传承：①中国式色彩，例：中国红；②中国式服装，例：旗袍；③中国式艺术，例：京剧；④中国式精神，例：边防战士。

第二，生活陋习："中国式过马路""中国式插队""中国式吐痰""中国式宴请聚餐"等。这些现象引起思考：中国式现象，需要思考如何看待传承与改变，在各抒己见的过程中，同学们就很自然地深挖到某些较为深刻的社会问题了。

这种由浅入深，既有主题方向，又有及时交流的平台，更有学术小论文的实践写作，既可以让学生不知不觉就乐在其中，又可以让学生在积累语言素材的同时，进行富有个性的思考及训练。

(3)利用体裁，百变写作

开放的写作教学，需要开放写作体裁，以保证写作形式的多样化，锻炼学生综合的写作能力。例如，艺术节时，鼓励学生以各种文体进行写作，可以用记叙文记录艺术节的文艺演出，可以用消息报道的形式记录整个艺术节的动态过程，可以用诗歌创作来抒发自己在艺术节期间对青春和成长的感悟；可以用新闻特写来表现同学们精彩的表演,等等。教师应以开放写作体裁为契机,将自由和创新交还给学生,帮助学生在轻松愉悦的状态下锻炼自己的写作能力。

(4)利用事实,客观写作

一直以来的写作指导,常常是鼓励学生对人或事物的正信息一面进行描写,这样的写作指导直接导致了学生作文的主观意识太强,容易失去客观性和真实性。因此,在进行写作教学时,教师要注意鼓励学生进行客观写作。例如,一位同学在作文中写自己的姥姥,真实再现了一位老人为家庭辛勤付出、任劳任怨的形象。在与老师的交流中,也流露出对姥姥的一些意见:对自己的一些事情包办代替太多,让自己失去了好多可以锻炼的机会。对于这样的材料能否入文,他很犹豫。老师首先鼓励了学生的真实思考,也鼓励把这些思考写入作文。这样文章展示出来的姥姥才会真实而可爱,既有老小孩的顽皮,又有勤劳的美德,还有无原则的溺爱行为,描写生动形象。可见,鼓励学生客观写作,不但可以培养学生的客观思考和准确表达,同时也丰富了学生的写作视角,让其作品更有层次感。

3. 在辩论中生成深刻立意

"道理越辩越清,真理越辩越明",辩论能使学生提升认识,拓宽学生多角度认识事物。学生经历辩论的过程,才会产生不同地感受,才能做到有感情地表达。

【案例分析】提供作文情境:一天放学,我走在熟悉的路上,就在家门口的一个超市前面,看到一个初中年龄的孩子跪在地上,面前用白粉笔写了一段话,大致意思是:讲述了自己因父母有病不能继续求学,希望得到他人的帮助。我心里酸酸的,正当掏钱准备给他的时候,有一位大叔从我身边走过,摇着头自言自语："哪里是真事儿,又是骗钱的。"我正在掏钱的手僵直在了口袋边上。

话题讨论:你认为我要不要继续把钱给这位小男孩?

学生们根据这一情境,组织讨论,有的坚持要给,有的坚持不给。于是自由分成两组进行唇枪舌剑地辩论,各不相让,有理有节。为了让辩论更加有秩序,两组各自选出主要辩手和自由辩手,自由辩手的任务是配合主要辩手,继续阐述自己观点。此时已经无须去肯定一方或否定一方,因为他们在辩论中,因时因情地谈出了自己的想法与判断,促使自己的认识又上升到一个理性层面,而不是简单地说"给"或"不给"。

动态作文课堂的建构,其实远不止以上几种形式。只要我们树立建构动态作文课堂的理念,我们就会从作文教学的每个层面去寻找突破口,根据学生特点、作文要求适时组织作文活动,动静结合,为作文教学平添许多活力,为全面提高学生的习作素养打下坚实基础。

四、作文动态生成——思维路径

1. 正向思维训练

这是一种常见的思维训练方式,直接对材料做正面分析,概括挖掘材料或文题所蕴涵的深意。

例题分析:观察下图,展开联想和想象,或发表自己的见解,或构想一个故事。要求:1.题目自拟;2.不限文体(诗歌除外);3.字数不少于600字。

【文题解析】成长需要挫折,压力也是一种正能量,挡不住的生命力,等等。

2. 横向思维训练

这种思维训练方式,在于引导学生由此及彼,全方位的分析概括事物的本质特征。这种思维具有广阔性、深刻性的特点。

例题分析:著名作家金克木,年轻时曾是大学图书管理员。一次,他偶然看到某位大学者的一份借书单,心想,大学者都要阅读的书,一定很有价值。于是,他一有时间就找来书单上的书阅读。渐渐地,他读的书越来越多,眼界越来越开阔,学问越来越深厚。只有小学学历的他,最后成为在文学、史学、翻译等诸多领域卓有成效的学者。

请根据上述材料的含义,写一篇 600 字至 800 字的文章。要求:题目自拟,立意自定;除诗歌外,文体自选;不得抄袭、套作。

【文题解析】材料主要提及的人是金克木,他的第一身份是一个小学毕业的大学图书管理员;他的最终身份是翻译家和作家;从第一身份到最终身份的成长变化过程,"按照大学者的书单来读书"起到了决定性作用。由此,我们概括出文章主题的立意:读书可以改变命运。我们也可以继续横向拓展思考,定出文题立意:一个人可以通过后天的努力来改变自己的生活环境。

3. 纵向思维训练

纵向思维训练,是由此事物到彼事物,由表层到里层,由外到内,由现象到本质;且层层深入,层层开掘,由个别到一般的思维方式,也称之为螺旋式思维。它的特点是纵深发展,由浅入深,深层挖掘,立意深刻。

【例题分析】

有一个旅游爱好者,在旅游中经常迷路。"你经常在外旅游,有丰富的旅游经验,怎么还会迷路呢?"朋友不解地问。"每次迷路,都是走上了歧路。""为什么会走上歧路呢?""因为歧路上有迷人的风景,看着看着,就忍不住走进去了;走着走着,就走不出来了。"请你根据读后的联想和感悟,写一篇不少于 600 字的作文。要求:题目自拟,立意自定;除诗歌外,文体不限;要有真情实感,不得抄袭和套作。

【文题解析】材料中旅游爱好者有着丰富的经验,但却经常在旅游时迷路,这是为什么呢? 因为迷恋途中迷人的风景。用这种原因分析法很容易抓住材料的准确立意,因此材料告诫我们歧路的风景再美,也不要沉醉其中,朝着自己既定的目标前进,即使这条路上没有那么多美景甚至荆棘丛生,我们也要努力向前,到达目的地。由表及里,由浅入深,人生亦是如此。人生路上可能有很多岔路,可能要面对很多诱惑,我们要拒绝诱惑,不要迷失自我,坚定正确的方向,一路向前实现自己的目标。据此可以有以下立意:

1. 从"每次迷路,都是走上了歧路"可立意为:不要误入歧途;不要迷失自我;把握人生航向;认准目标,一路向前;正确选择等。

2. 从迷途的原因来看,"歧路上有迷人的风景""忍不住走进去了"可立意为:拒绝诱惑;坚定自我;我若不惊,风又奈何;"忍"者无敌等。

【写作实践交流】

教学设计分享

"概括与发散"思维训练教学设计

教学目标：

1.引导认识概括思维、发散思维。

2.训练思维的概括、发散能力。

3.学会将概括思维、发散思维转化为作文思维。

教学重点：训练思维的概括、发散能力。

教学难点：学会将概括思维、发散思维转化为作文思维。

教学过程：1 课时

一、导入

作文构思是一种思维的过程。看见春日里的阳光,我们感受到希望在召唤,看见秋风扫落叶,我们徒增一些伤感,这些都是思维的一种活动过程。这节作文课,我们主要是练习概括思维与发散思维,对同学们今后的写作会很有帮助。

二、认知概括

学生活动一：找出下面一组事物的共同特征或共同关系。

1. 野牦牛　　藏羚　　梅花鹿

2. 菠萝　　　香蕉　　芒果

3. 大象　　　金丝猴　大熊猫

(教师点拨：找出几个事物的共同特征或者共同关系,我们称之为概括。概括出的特征是事物的本有特征,我们称之为"科学概括",科学概括有对错之分,没有创造性。还有一种概括,是以一个人的感受为基础的,这就是文学概括。)

学生活动二:对上面三组词语尝试进行文学概括。

1. 野牦牛　　藏羚　　梅花鹿

2. 菠萝　　香蕉　　芒果

3. 大象　　金丝猴　　大熊猫

(教师点拨:文学概括是一朵灿烂的思维之花,如果它能在你心中开放,那你的一部分作文困难就有望解决了。)

学生活动三、请自选角度,至少从三个方面分别对下面两组内容进行文学概括。

1. 司马迁　　爱迪生　　贝多芬

2. 司马迁　　爱迪生　　贝多芬　　夸父　　精卫

(教师点拨:概括的思维能力,是在众多不同事物之间快速找出共同特征,从而把大量的各类材料统一在一个话题或一个主题之下。对于作文构思来说,从一组材料中概括出的特征越多,材料的利用率就越大;特征发掘得越独特越鲜明,文章就越新颖越有征服力。)

三、认知发散

学生活动四:分别说出与下列特征对应的事物。植物、乖巧、喜悦。

教师点拨:这种给出一个共同的特征或关系,找出几个相对应的事物的思维方式叫发散思维。

学生活动五:分别找出与下列特征相对应的人、事、景、物。

1. 衰老:枯藤、老树、昏鸦、皱纹、银发、佝偻的背影、眼角的皱痕、夕阳、春天、失望、缺乏意志力、自私、友爱……

2. 温暖:梅花、炉火、春风、灯光、关切的眼神、步行、安慰的话语、真诚的鼓励、美味的饭菜、父母的惦念、牵挂……

教师点拨:无论有形还是无形,只要能发现他人所未见就是新;发散出的内容越多思维面就越广。发散思维可以帮助我们在一个话题、一个主题、一个题目下,全方位、多角度地激活并发掘作文素材,发散出的内容越多,作文时可使用的材料就越丰富;发散出的内容越新颖,作文也就越新颖,越有创造性;发散出的内容蕴含越深刻,文章的思想表达也就越深刻。

四、练习

阅读下面的材料,请说一说可以从哪些角度思考作文的立意。

山野里,一株骄傲的白玉兰芳香四溢。

啄木鸟总是啄个不停。"太吵了,赶快离开!你打扰了我的美梦。"白玉兰说。啄木鸟默默地离开了。白玉兰只留下一群如花般的黄鹂相伴……

不久,白玉兰的叶和花都掉光了,黄鹂也不见了。当啄木鸟再次飞来的时候,白玉兰伤心地对他说:"你走后,虫子天天都在啃咬我的身体,痛苦极了,现在我终于明白:黄鹂只会肤浅地唱歌,吃掉的也只是我枝叶表面的虫子;是你,把深入我体内的害虫细心除去,才让我成为最香最美的花。"

数月后,当白玉兰美丽如初的时候,啄木鸟悄悄地离开了……

五、作业

阅读下面的材料,请想一想可以从哪些角度思考作文的立意,并选择其中一个角度,完成一篇不少于600字的文章;有真情实感;题目自拟;角度自选。

有一位老人乘坐火车,在行进途中不慎将一只放在车窗边的新鞋子掉落车下。他思索片刻,索性将另一只也扔了出去。众人问其原因,他说:"我留下一只鞋子已没什么用了,扔出去,万一有人捡到它,还能配成一对鞋。人,有时候是要放弃一些东西的。"是的,在生活中,尽管我们不能轻言放弃,但有些东西还是需要放弃的,比如在学习与娱乐之间,在上课与上网之间,在情感与理智之间……都需要我们做出正确的选择。

总结:作文语言能力的强弱,体现了一个人语文水平的高低,也体现了一个人语文素养的高低。无论是文采飞扬的语言,还是清晰流畅的思路,都来自敏捷的思维。有意识地加强自己的思维活动,其作文构思的效果就会不一样。苏东坡曾经写过一首颇有哲理的诗:"横看成岭侧成峰,远近高低各不同。不识庐山真面目,只缘身在此山中。"不同的视角,所看到的景物自然也不相同。可见,作文时, 活跃的思维活动有助于帮助自己产生独到的见解和对生活个性化的理解与体悟。

他山之石,佳作分享

阅读,曾让我感动

春天像一本充满生机的书,阅读它让我欣赏了花海飘香;大海像一本厚重的书,阅读它让我理解了胸襟宽广;冬雪像一本无瑕的书,阅读它让我品位纯真圣洁。我的祖母在我心中也是一本打开着的书,阅读她,让我深深地感动着……

那是九年级初秋的一个早晨。拿着书包刚一出楼道,雨水就打在我的脸上。看看时间有点晚了,我咬咬牙一口气跑到车站,心里抱怨着鬼天气。远远地一位弱不禁风的老人向我小跑过来。她胳膊下夹着雨伞,躲避着水洼。突然,脚下一滑踉跄了几步,站稳后又小跑起来。这不是我的祖母吗?她跑到我跟前,立刻就把雨伞递给我,嘱咐说:"秋雨不会马上停,快撑开!"风夹着雨水向我劈来,冷冷的,而我的心里却充满了阳光般的温暖,感动的泪水一下子冲进眼眶。"到学校多喝热水……"伴着祖母的絮叨,我登上汽车。透过车窗,秋雨中祖母踮脚遥送的神情深深的定格在我的脑海里。她弯着腰,驼着背,瘦小的身影在风雨中显得更加佝偻。我的心再一次被热浪紧紧地包裹着,细细体会着祖母这份无私的关爱,幸福在心中流淌。公交车渐渐远离了祖母的身影,而她这份厚实的关爱却一直荡漾在我的心中,让我深深地感动。

秋雨绵长一天也没停,浇灌着大地。一进家门祖母就拉着我下楼给花园里的小树去施肥。"等雨停了再去吧。"祖母笑着说:"此时正是好时机!"我不情愿地跟在她后面。走进小花园,祖母熟练地拿起铁锹,连翻几下,一锹一锹往树坑里填肥料,最后再轻轻盖上一层土。"为啥说今天是施肥的好时机?"我不解地问。祖母笑着理了理额前被雨水打湿的头发,慢慢道来:"雨水冲击泥土,养料就会流失,只有快速补充,才能让小树及时吸收养料茁壮成长。一个孩子的成长也是这样,只有不断地吸收知识、经验,才能不断进步!"我恍然大悟,原来祖母叫我出来,这才是这真正的目的!看着祖母充满期望的眼神,我拉起她的手立刻回到家里,拿起作业认真地写起来。感谢祖母的教诲,带给我一份努力前行的动力,她用那充满祖母期望的眼神告诉我:"美好的未来源自于今天自己一点一滴执着的奋斗!"

深夜,我刚躺在床上就听见祖母的脚步声。透过眼角的缝隙,只见祖母蹑手蹑脚地走到我床前。她弯下腰为我塞好被角,喃喃自语:"白天淋雨,晚上可不能着凉!"皎洁的月光映照在她地身上,那额前的白发又多了些许,眼角的皱纹也深了很多。一瞬间,泪水化作感动涌上我的心头。感谢我的祖母,您的爱就像一片汪洋,伴我扬帆远航。

感谢祖母这本书,阅读她,常常让我深深感动。感谢祖母,您像一盏明灯,为我照亮前行的路;您像一个航标,茫茫大海中帮我避开成长的暗礁。感谢祖母这本书,阅读您,让我深深感动着……

话题十五:

天生我材必有用,
千金散尽还复来
——人文个性

《语文课程标准》提出"工具性与人文性的统一,是语文课程的基本特点。"那么,何谓人文性? 我认为,人文性是文学性、文化、人的自然性三者有机融合而折射出的一切有利于人"健康"发展的东西,包括身心健康、情感健康、道德健康等。语文人文性的内涵主要表现在三个方面:第一、提供自由的文本,关注生命个体,尊重个性差异。第二、更新教学的理念,强化个性解读,挖掘人文底蕴。第三、承认个性差异,立足健康发展,构建平等的交流平台。对于作文教学而言,写作是一种主体将内在精神以及独特个性外化的主观性活动,是一种高度综合化的精神活动,对于自由选择、尊重个性、承认差异等人文特点,表现得都十分典型。而中学阶段正是学生的世界观、人生观、价值观形成的关键时期,所以在写作教学中体现人文个性,是提高中学生人文素质的重要途径和方法。

一、当前作文教学在"人文个性"方面存在的主要问题

1. 写作过程被动

《语文课程标准》对于初中学生提出写作要求:写作要有真情实感,力求表达自己对自然、社会、人生的感受、体验和思考。多角度观察生活,发现生活的丰富多彩,能抓住事物的特征,有自己的感受和认识,表达力求有创意。作文是学生运用语言文字进行表达和交流的重要方式,是学生认识世界、认识自我,进行创造性表述的过程。也就是说,作文的主体——学生,在写作过程中,承担着认识世界、认识自我的个性表达过程,具有原创性。

然而,长期以来的作文教学,学生的写作过程几乎处于被动状态。日常作文教学,一般要求是学生在 60 分钟左右完成不低于 600 字的文章,很多学生的写作目标就是完成字数要求,并没有体会作文的责任感,自然也无法产生创作之后的兴奋感和成就感。

在传统的写作意识里,写作过程仅仅是写完即可,而对于"修改"的意识相当淡薄。对于教师而言,老师花很长时间、很大精力改完一次作文发给学生时,学生只是看看自己的评语或得分,对于老师的旁批或指出的问题也不深究。这种作文批改方式真有点"两败俱伤"的味道。事实上,学生才是作文修改过程的主人,教师要花费更多的时间和经历培养学生修改作文的习惯,这一习惯的养成不仅有助于作文责任感的提升,也是语文素养形成与提升的有效路径。

2. 写作心理被动

作文教学中常出现学生一看题目就厌烦的心理,其外在表现是:作文课,学生心烦意乱、无从下笔,更有甚者还会出现精神不集中、紧张的恐惧心理,还有少数学生由于总是写不好作文,对作文

产生冷漠的不健康心理。这些写作前的负面心理,是阻碍学生进入写作状态的一扇门,如果找不到金钥匙,作文教学是很难收到好效果的。从心理学的角度看,老师对学生写作欲望的召唤,只是一种外加命令,对于生动活泼而又富有个性的学生来说,这种命令其实是缺乏活力的。只有唤醒学生写作的自信心,才真正找到了学生作文过程中的内驱力。

增强学生写作自信心的策略见下表:

增强学生写作自信心的策略表

角度	增强学生写作自信心策略	具体内容举例
教师	赏识学生习作	(1)拟题的新颖别致之处, (2)行文构思、布局的亮点, (3)不同凡响的立意, (4)准确的遣词、妙手偶得的佳句, (5)一笔不苟的卷面。
	提供激发学生写作灵感的各种信息、机会	作文命题、形式、选材、主题,自由表达,自由批改。
学生	独立进入作文时空,全身心投入写作。	(1)突破"作文法则""作文秘诀"等束缚, (2)坚持"以我手写我心",表达真情实感,不说假话、空话、套话, (3)坚决找到那些曾经最触动自己心灵的人、事、物、情去写。
	调试好写作心态	积极对待作文过程的每一个步骤

3. 写作形式被动

一直以来,作文教学都很难突破当堂课审题指导这一僵化呆板的形式,训练效果数量少、速度慢、质量低、时间长。其实,当堂指导写篇作文的形式,远不能涵盖写作教学的整体。写作指导至少还应该引导学生感受生活,思考生活,以及相互之间交流体验,并通过这一过程中的切磋砥砺,闪出思想火花,感悟写作的真谛。即:给孩子一个空间,让他自己往前走;给孩子一个时间,让他自己去安排;给孩子一个条件,让他自己去锻炼;……给孩子一个权利,让他自己去选择；给孩子一个题目，让他自己去创造。学生是具有独特性、开放性和创造性的，他们的作文也应该是富有创造性的，应该是千姿百态的。

4. 写作目的被动

日常写作教学的目的，更多是为了提高作文成绩，并没有把重点放在对学生写作过程的指导上。作文课也多以教师讲解各种写作技巧为主，在选什么素材、写什么文体、定什么主题等方面，一般都有明确的规定，教师评阅、给分、点评也都是围绕这几个方面，并没有很好地贯彻"以学生为主体，教师为主导"的人文作文观，学生的创作积极性不高，作文也没有任何新意。

5. 写作评价被动

当前的作文评价，依然存在着为了应试的现象，"句子通顺，条理清楚，结构完整，中心明确……"等千篇一律的评语，伴随着一个分数的数值，直接传递给学生，而学生的表现也大多是接过作文就塞进书包。基于这种情形，我们教师对学生作文的评价，应以点燃创作热情为出发点，激发学生对作文真正的喜爱。美国教育家杰丝·雷耳说："称赞对鼓励人类灵魂而言，就像阳光一样，没有它，我们就无法成长开花。"学生的作文一旦完成，特别需要适当的帮助和鼓励。因此，在学生的作文评语中，我们应该倾注真诚的人文关怀，以使学生享受成功的喜悦，用积极的评价诱发学生的创作动力。

二、作文教学体现人文个性的意义分析

"人文性"是一种人文精神，是关于人的生存、关于人类文明的发掘和思考，是人们对于真、善、美的追求。教育的最终目的在于人，在于人的生存与发展，也就是"关注人文"。语文教育究其本质

是对人文关怀的一种提倡,语文学科中的作文教学,也是一种文化活动,是一场人文的传承。

作文教学体现人文个性,指的是梳理"以人文本、以文育人"的作文教学理念,注重培养学生的发散思维、创造思维,引导学生关注现实社会生活并热爱生活,培养良好的审美情趣、正确的情感态度价值观。这就说明,作文要体现"生活"的本质,作文教学旨在架起生活和审美之间的桥梁。作文教学体现人文个性,是引导学生树立正确的世界观、人生观和价值观的过程,力求通过写作,培养学生书面表达和口头表达的能力,感知生活的敏锐力,感悟生活的思考力。可见,写作课上的人文渗透,也承担起了语文这门学科在提高素质方面的重要责任,顺应了时代对于人文素养的要求和潮流。

三、写作训练体现人文个性的过程步骤

1. 写作准备——观察想象,体现人文

写作的源泉是生活,每个人对生活细节的捕捉并不相同,看待生活中人或事的角度也不相同,特别是中学生,正是发挥各自创造力和想象力的最佳时期,所以,在作文教学课中,教师应本着写作是一门育人的活动,以"我手写我心"的教学主张,引导学生根据文题做好细致观察生活的准备,鼓励学生展开自由想象,思考选择哪种方式进写作。

在作文准备过程中存在一种矛盾:有时过分强调观察,很容易限制联想和想象在写作中的作用。由于学生的生活面狭窄,对生活感受不深,作文时往往会出现无话可说、思路拓展不开,如果再缺乏联想和想象,作文就真成了"死水一潭"。黑格尔说过:"真正的创造就是艺术想象的活动。"没有想象就无所谓作文,想象可以帮助学生形成对事物的"立体式"认识,对事理的"解剖式"思考,生发出

与众不同的认识与见解。建议教师可以通过复述课文、讲故事、编故事、制作动画视频片，自创小品剧本等途径来训练学生的想象力，以增强学生的想象储备。

写作训练体现人文个性的课前准备一般可以包括三方面内容：

（1）精心选题

【教学案例】两个教学班，一个班以"青春"为作文题目，另一个班以"多彩的青春"为作文题目。结果分析，效果明显不一样：写《青春》的班级，学生思路打不开，题材泛泛，一个班只有几个学生写的作文稍微好一些；而写《多彩的青春》这个班级，学生的作文抓住"多彩"二字，其作文效果丰富多彩。青春的赤、橙、黄、绿、青、蓝、紫等，学生在思考中每一种颜色表示什么内容，写出的文章立意比前一个班普遍好很多。可见，作文题目的选择至关重要。我们在选择作文题目时，要尽可能贴近学生生活，与学生的生理、心理的特点相一致，要符合学生的认知水平，关注学生的性格、兴趣、气质的差异，只有这样，精心选出的作文题目才是受学生欢迎的题目，学生才能畅所欲言，抒写心灵，才能提高学生写作兴趣和写作水平。

（2）积淀思想

学生作文中存在"假""大""空"等现象，究其原因，主要是因为学生平时积淀的思想不够丰厚。提高作文教学的有效性，指导学生积淀思想尤为重要。

首先，积淀课本思想内涵。例如，不管是哪类文体，不管是文言文还是现代文，每一篇文章都有一个主题思想，教师可以指导学生把初中教材中所学文章主题分门别类加以整理。

其次，积淀课外阅读思想内涵。例如，教师可以指导学生课外阅读，并把所读、所思、所感记下来，积淀思想。

再次,积淀生活感悟思想内涵。例如,教师可以培养学生思考、感悟、记录的习惯,无论是同学老师的某一句话,还是一句广告词、台词,无论是学校或家庭生活的琐事,还是时政要闻,都可能触发学生的灵感,引导学生迅速记下自己的顿悟。

(3)丰富活动

作文教学的过程必须增加作文活动时间。增加作文活动时间不是指延长写作时间,而是指增加实践活动的体验时间。教师要有针对性地指导学生留心生活,观察生活,感悟生活,组织开展有益的课外活到,丰富学生的写作素材,改变学生"家——校——家"的选材范围。

2. 课堂教学——感知感悟,渗透人文

作文教学是培养学生综合能力的一条语文渠道,不仅关注听说等能力发展,还关注学生强烈的求知欲、好奇心。在没有统一标准答案的作文课上,教师应该认识到,学生掌握某种写作能力,例如,学会写议论文、记叙文或者是抒情散文,不是其课堂教学的最终目的,只是学生拓宽知识与能力层面的一个载体,是通向感知生活、理解生活的一块铺路砖。

(1)互动——平等对话

作文课上,教师和学生既是相对独立的个体参与其中,同时也是相互联系的,教师的"教"和学生的"学",是一种保持着平等关系的真诚对话,是一种情感的沟通和经验的分享,需要教师与学生的全程参与互动,这样才能真正实现"以人为本"的语文教育教学目的。

教师和学生在作文活动中的全程互动,首先需要突破"作文课"的局限。从文题的准备到写作再到评价、修改,需让学生能够明白,进行写作活动不是为了完成"两节课"的任务,而是需要一个完整的周期。在这一个作文周期里,教师与学生、学生与学生的时时沟通,都是为了让学生更好的表达真情实感、阐述事理看法,组织语言文字。教师在学生作文成长的道路中, 第一任务就是"要引路",也就是说在学生遇到各种困惑而无法自答时,教师应该有问必答,能够在学生遇到作文瓶颈期时引领他坚持走下去。

另外,作文教学中的平等互动,也是因材施教的体现方式。例如,在学生的作文习作中,指出其优缺点,但不动手帮其修正,而要鼓励学生自己动手根据建议去修改完善。需要注意的是,师生在作文中的平等交流并不意味着放松要求,鼓励学生主动行走,并不代表放任。是在遵循规程的过程中,完成相关写作任务,并且保质保量。

教师和学生在作文活动中的全程互动,还要避免"重结果轻过程"的现象。我们的作文教学是为了引导学生学会表达自己对生活的思考,提高学生整体写作能力。整个作文周期看重写作过程而非结果,重视每个学生都想写、敢写、能写的变化,充分给予他们自由创作表达的空间, 哪怕在这个过程里所写出的文章依然存在各种问题。因为,如果学生的写作思路打开了,写作技巧的学习是可以慢慢补充上的。

(2)感触——创建情境

分析学生作文比较贫乏,内容比较空洞,情感主题不突出,甚至会有负能量等问题,其最主要原因就是作文脱离了现实生活,学生也缺乏生活体验。情境的构建, 就是在课堂中模拟一些生活场景,能够使学生亲自体味,领悟这些情景的内涵,深入认识自然、社会和人生并获得一定程度上的启示。在这些体验中,学生不是听老师讲,而是充分运用自己的五官,眼看、耳听、鼻嗅,通过扩展学生的生活面,引导学生的作文有事可写,有理可议,有情可抒,赋予作文以生命的灵性、生活的气息。

【教学案例】习作《我心中的那颗"星"》，看到这样的命题式作文题目，教师首先引导学生理解"星"的内涵，然后组织学生展开讨论自己心中的那颗"星"。对于"星"的理解，基本可以定位在偶像这一层面上，学生们的讨论如下：邓稼先、闻一多、贝多芬等都是在教材中学到的值得成为自己偶像的人物。中国历史上的名人、世界历史上的名人、获得诺贝尔奖的科学家、歌星影星、体育明星、文学作品中出现的人物，或是游戏中的正面人物也都可以是自己的偶像，从人物素材的选取上不受到限制。接着学生们又开始讨论：自己感兴趣的这些人物他有什么特点，他有哪些典型事件，或者有什么样的精神品质值得自己去"追"他，值得把他的故事讲述给大家听。这时，通过学生对自己感兴趣人物的讨论，在心中就对这些人物有了初步勾画，可以参照着所学课文中描写人物的方法，选取典型事例，突出典型性格。从学生想到的这些名人中，教师可以分析出一个学生的爱好、性格、品质，教师需要根据不同的学生，做出相应的言语支持，让学生有热情有兴趣地把他们偶像的故事写出来。

3. 作文评价——批改修订，注重人文

（1）重"礼"

教师和学生是平等对话的，所以在作文的批改中教师也要有"礼"。每个学生写作文和老师判作文，都是学生和老师思想的交流。所以，老师在学生作文的评语中，不能有居高临下的威严感，而要把学生当做主体，尽量发现学生作文的亮点、精彩之处，并圈注表现出来，让学生意识到他这一次的写作有哪些进步。例如，老师布置了一篇命题作文《那一天》，有学生写道：周日到网吧玩游戏是一件很有意义的事情，并且很详尽地描写了自己和朋友们去网吧玩游戏的过程。讲评时，教师体会到初中学生自尊心很强的特点，

没有强烈给予否定，而是圈注出这篇作文中的结构安排和动作描写，在评语中告诉学生："在这篇记叙文中，你非常熟练地体现了记叙文的六要素，我们的生活里不只有游戏，还是很丰富多彩的，还记得上周咱们学校举办的运动会，你拼尽力气为同学喊加油，老师和同学都开心的为你点赞，称你为最佳啦啦队队员。如果你以这件事为素材写出来，会不会更有意义一些呢？也请你再想一想什么样的事情是真的有意义。"

(2)重"理"

写作练习中，学生出现各种各样的问题，都是很正常的。教师该如何面对呢？老师对学生作文的批改，是引领学生对自己作文中存在问题的一种认识。批改作文的理性认知，还体现在和学生一起商讨修订方案这一方面。

为什么同样的素材，有些学生可以体会到其蕴含的主流价值思想，而有些学生就很容易写偏题呢？分析原因，老师就需要跟上学生的思维转变，联想到学生生活的经历、个性成长中的不同，帮助他们分析材料中哪一点可以引出什么样的话题，在写评语时要意见中肯，评论的有理有据。

四、写作训练体现人文个性的途径及方法

1. 让写作成为一种审美的实践活动

"人文作文"将人和人的生活作为基础，其审美指向是发现和挖掘生活中的真、善、美。当然，这其中不排除对丑的抨击。因为美和丑所唤起的只是美感形式的不同：将生活中的美集中升华，可以直接给人以美的享受；通过对丑的批判，对弱的同情，则又可唤起人性中的求美向善求真之心。但是根据学生的年龄特点等实际情况，人文作文还是要以弘扬主旋律为主。作文教学中，注重引导学

生捕捉生活的闪光点。比如,周围的或社会上的焦点,力求起到一石激起千层浪的震撼效果。从而使人文作文在体现审美情趣的基础上,富有厚重感和时代感。正是从这个意义上说,人文作文的写作,成为一种审美实践活动,不仅创造着学生周围的世界,也相应地体现了学生的审美意识和审美情趣。

【教学案例】

一只鹿到小河边来饮水,他低头看到了河水中自己的倒影。鹿对自己两只又大又粗、枝权美丽的角非常满意,可他看了看自己的四条腿,说:"只是我的腿不太漂亮,又细又弱。"

突然,一只狮子不知从什么地方窜了出来,朝鹿扑了过去。鹿撒腿就往大片空地跑了过去。

狮子被远远地甩在了后面。可正当鹿刚拐进林子,头就被树枝挂住了,狮子追上来逮住了他。

临死之前,鹿说:"我是个地道的傻瓜! 我认为丑陋软弱的,却救了我;而我引以为自豪的却断送了我的性命。"

自选角度和文体写一篇作文, 自定立意, 自拟标题, 不少于600 字。

【审题指导】理解这则材料故事的哲理内涵,应该抓住鹿说的话来玩味,尤其是它临死之前的自悟:"我认为丑陋软弱的,却救了我;而我引以为自豪的,却断送了我的性命。"分析这句话:鹿对自己美丽粗大的角与细弱而不太漂亮的腿用途的认识, 其实涉及了对事物的审美价值与实用价值的理性认识问题。由此,我们可以引申思考:在自然、社会与现实生活中,当审美价值与实用价值统一时,当然是最完美境界;而当审美价值与实用价值不能统一时,我们应该有怎样的认识? 文题中的思辨力,带领学生进行了一次生活审美的实践活动。

从年龄特点来看,学生捕捉生活中的写作现象,一般会存在盲目、随意的现象,那些似小实大,似浅实深,似偶然实必然的写作材料很容易被忽略,不能及时被发现而储存进写作信息。因此,学生在写作实践中审美思维的形成,是要经过一番指导的。我们可以尝试以下策略,帮助学生形成一定的审美能力。

(1)透过现象,由表及里

任何事物都有两面性,要真正感受生活,必须具备一定的认识水平。浮光掠影,浅尝辄止,是什么也得不到的。例如,含有"6"的电话号码、汽车牌照竞相争购,针对这一现象,我们认真体味思考:"6"在生活中的走红,与中国传统文化流传下来的意义有很大关系,如,六六大顺;也与现代社会象征着和谐、吉利等意思有关系,透过这些再思考,是否也暴露了某些祈求顺利的侥幸心理呢?从而得出自己的认知:若真想要一切都顺顺利利的,只有脚踏实地的去努力才行,仅有美好的愿望而缺乏付出是很难"顺利"实现的。

(2)分析事物,去伪存真

生活纷繁复杂,学生阅历有限,如果不引导他们"去伪存真"的生活态度,而只是单纯认为"闪光的东西一定都是金子",很有可能会出现在生活中"撞了南墙才回头"的教训。只有在生活中通过辨析,才能识其真伪,明其利害。作为老师要有敏锐的触角,关注时代变革的热点话题,带领学生共同讨论评议,把握明辨是非的能力。例如,《竞争——会影响人际关系吗?》,就可以引导学生对生活中的竞争有进一步的认识、理解、感受,从而培养其辨析事理的能力,增强处理好同学之间关系的能力,形成正确的生活审美判断力。

(3)启动联想,由此及彼

客观世界是一幅相互联系,相互作用复杂交织的图画,要认识这幅图画,就必须用联系的观点对画面的组成由此及彼地思考感受,审美联想,形成"一叶知秋"的能力。例如,写作"镜子"作文题,这是我们很熟悉的东西,围绕它发散思考,广泛联想,就会想到"历史是现实的一面镜子""作品是生活的镜子""镜子可以还原人的美貌,也可暴露你的缺点"等等。还可联想到唐太宗"以铜为镜,可以正衣冠;以古为镜,可以知兴替;以人为镜,可以明得失"的古训。

(4)定点观察,多维感受

对同一事物从不同角度进行思考感受,反复体味,往往会有不同的体验。如写"太阳",我们可写"旭日东升"、"雨后日出"、"晚霞绚丽"等系列习作。以窗、路、灯、春风、瑞雪、落叶等为话题的作文,拓展自己的生活感受,写出心声,写出个性,而不人云亦云。例如,某同学在作文《雪后思》中寄寓了自己考试失利后的心情:下完雪的天气,湿冷湿冷的,太阳升起来了,茫茫大地上雪白的外衣开始被一点点扯破,我的心也被那不及格的红色分数撕扯得一块一块的,树枝上滴答、滴答雪花融化的声音又像我心里滴落的泪水,惆怅而不知所措。"这一段文字虽然表现得哀怨凄冷,但是真情实感的流露又不失审美的价值。

(5)强化感受,展示自我

成功的习作,往往凝聚学生审美感受的汗水与心智,时时闪现着生活的丰富和多彩,"平淡"的生活孕育着丰富的生活美。例如,以"时光"为作文题,可以把"自我成长"作为线索,以审美的感受去回味生活,感受体验。人生漫漫路,童年的乐趣,少年的忧愁,早已化作一粒种子,由时间老人撒在了我们记忆的田垄里,等待着我们用思想和感受为它们"施肥,浇水"。回味逝去的时光,必将能感受成长中的缤纷和眷恋,梦想和希望。对于一些回忆题材的文章,从审美的角度来回望,即可产生"众里寻他千百度,蓦然回首,那人却在灯火阑珊处"的惊喜与自信。审美生活,面对作文题材可以达到"看山不是山,看水不是水"的境界,也就具备了"开山取宝"的选材能力。

2. 让写作成为一种审美的鉴赏活动

如果说将周围世界有激情、有个性的事物诉诸笔端,视为一次创作经历,那么,鉴赏就可以说是对作文进行的再创作。在这个环节,应该牢记两点:一要民主,二要及时。例如,开办"面对面实话实说"的作文讨论活动,在师生、生生平等对话与交往中,鼓励学生主动参与,调动所有存储信息,畅所欲言,碰撞出思维最为活跃的火花。这样就有可能在学生互动评议和老师适时点拨、归纳的基础上及时反馈,激发学生作文的热情,更能趁热打铁,有效促进学生整体作文水平的提高。

人文情怀的培养不需要"训练",但绝对需要阳光、气候、土壤。这个"阳光、气候、土壤",就是一种语文教育中的民主教学氛围。精神的鸟儿只有在辽阔的蓝天才能自由自在地展翅飞翔。作文过程的关键是给学生一片心灵的沃土——自由思,自由写,沐浴在社会生活的文明之光里,激发起自己对生活的满腔激情。……而这一切都有赖于教师为学生营造宽松的教学氛围。

3. 让写作成为一种审美的评价活动

有道是授之以鱼不如授之以渔。这里的"渔"就是方法,教师的主导作用必须在作文评改中充分发挥出来。对学生的方法指导:一是既要省时又要注意质量;二是抓关键明重点,认真写好建设性评语。为了激励写作者的积极性,教师对批语应提出共性要求:要写好眉批和总批,眉批要有针对性、知识性、趣味性、准确性;总批要简明富有启发性、具体性和建设性。因为作文评语是把学生引向写作成功的航标,是点燃学生写作灵感的火花。多一点商榷指导,少一点说教;多一点鼓励表扬,少一点简单批评;多一点交流分享,少一点刻板套话;多一点画龙点睛,少一点画蛇添足。激励性评语,有利于激发学生的写作兴趣；商榷性评语，有利于培养学生的自主意识；谈心式评语，有利于营造充满人文性的氛围；而讲求文采、张扬个性的评语，润物细无声。

学生不仅是写作的主体，也应是作文评改的主人。从时间上看，教师精批细改耗时很长，等到信息反馈时，已超过学生写作的兴奋期和对反馈的翘首期；从训练次数看，一学期有限的习作远远不能满足提高能力的需求。《语文课程标准》要求 7—9 年级学生"根据表达的需要，借助语感和语文常识，修改自己的作文，做到文从字顺。能与他人交流写作心得，互相评改作文，以分享感受，沟通见解。"作为老师，我们应该敢于教师放手，把作文评改权还给学生，让学生成为作文评改的主体，使之在实践中认识自己作文的优缺点，借鉴同伴作文的特色，领悟作文的写法，这不仅是作文教学发展的必然，也是教师对学生的一种真正的人文关怀。

【写作实践交流】

教学设计分享：

七年级作文指导 ——叙事具体

一、教学目标

1.学习具体叙述事件的方法，掌握具体叙述的技巧。

2.激发学习写作的热情，关注积累生活。

二、教学重点、难点：学习具体叙述事件的方法，掌握具体叙述的技巧。

三、教学过程

1. 组织教学、课堂导入

在学习语文的过程中，同学们对写作文感到很无奈的一个原因就是——即使绞尽脑汁也无处下笔，搜肠刮肚地想也是三言五语就把事情叙述结束。其实，如果我们能多想一想，曹雪芹为什么能把十二金钗表现得如此惟妙惟肖，吴承恩为什么能把唐僧师徒四人表现得如此淋漓尽致，也许我们就能理解很多叙事具体的好方法，今天我们就一起来研究写作中的一个话题：如何使作文具体化？

2. 教学过程

请学生观察：教师手拿一块橡皮，橡皮从手中滑落，掉到讲桌上后又掉到地上。要求：每一个同学仔细观察这个过程，然后用一句话描写这个过程。

学生活动一：学生交流分享自己的具体描述，并互相评价分析：在同学们写的句子里，你认为哪一句写得最好？原因是什么？

【教师点拨】把事情描写具体，要学会伸长耳朵去细心地听，睁大眼睛去仔细地看，用心去细细地想，再用笔认真地描述。

教师出示一组词语：绿色、亭子、台阶、一位老爷爷、一位小男孩、晚霞，你可以想到什么？

学生活动二：请学生小组讨论自己的联想，并互相启发补充，全组完成一段话，不少于 250 字，要求内容完成，有故事情节。全班进行写作片段交流。

【教师点拨】刻画一个人物，可以对人物的某一部位，某个方面进行精细的描绘，表现出这个人的心理或品质；也可以对人物的整体外形进行描绘，写出整体印象。即：刻画一个人物，可以采用近镜头特写描绘，也可以采用远距离再加上想象，进行描写。

学生活动三：继续出示这组词语：绿色、亭子、台阶、一位老爷爷、一位小男孩、晚霞，你还可以想到什么？例如，事件的前因后果，进一步发展,等等。

学生活动二:请学生小组讨论自己的联想,并互相启发补充,全组完成一段话,不少于400字,要求内容完整,有故事情节曲折生动。全班进行写作片段交流。

教师引导学生总结学法,得出"具体描写三策略":

1.把你看到的是什么,告诉没有看到的人。

2.把你看到的内容描述给没有看到的人。

3.把你看到之后的想象告诉没有看到的人。

即,"有什么"使我们明白了描写的对象,"怎么样"使描写具体起来,"像什么"使描写变得更形象、生动。

3.拓展练习

观察这三张图片,设计一段故事情节,写一段不低于300字的短文,要求写清楚情节的来龙去脉。

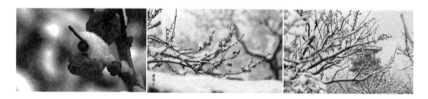

四、作业

瀑布从万丈悬崖上奔泻而下,像一道闪闪发亮的珠帘,雷鸣般的轰响震撼着群山。可是,人们爬上崖顶,却发现上面不过是一条平缓的小河,它一路走来,汇聚着点点滴滴的泉水。如果它不跨出那一步,冲下悬崖,就只能在山峦之中默默流淌。小河勇敢地跨出那一小步,于是有了气势磅礴的瀑布。

阅读上面文字,请扩写成一篇不低于500字的作文,要求:内容具体,感想真挚,题目自拟,文体不限。

留在记忆中的风景

小溪潺潺蜿蜒流淌;瀑布直下飞泻山涧;大海澎湃浩瀚无垠,这都是记忆中美丽的风景。生活中只要保持一颗感悟美的心灵,留在记忆里的风景便会很多······

留在记忆中的风景没有朝霞的灿烂,却如午后阳光,让我倍觉温暖。那是七年级一个突然降温的深秋傍晚。放学后,我把校服拉锁拉到最高,刚走出学校就听见父亲熟悉的声音:"太好了,正赶上。"一抬头爸爸已迎面走来,随手递给我一件防寒服,还帮我戴好帽子。我们并肩往回走,爸爸突然把手套摘下来,硬是塞给我带上,手套里的暖意立刻涌遍我的全身。我侧目看看父亲,他的头发早已被冷风吹得乱七八糟,耳朵也冻得通红,脸上的皮肤皱皱巴巴。就是这张平凡的面孔,让我即刻把它封存在记忆中,成为心中最美的风景。这就是父爱,无需表达,却似细雨,润物无声;又像港湾,任我遮风挡雨。

留在记忆中的风景没有峭壁的险拔,却如高山巍峨,令我倍觉感动。八年级一个盛夏的晚上,突然停电使得一切电器瞬间失去作用。正在准备期末考试的我心烦意乱,父亲则拿起大蒲扇,坐在我身边成了人工"电风扇"。父亲的手一上一下,有节奏的忽扇着,我的心也跟着慢慢平静。第二天一早,朦胧中一眼就看见爸爸斜躺在我身边,手上依然紧紧握住那把扇子,眼角一层又一层的皱纹,鬓角的银丝也无法遮挡,额上微微渗出汗渍。我的眼睛模糊了,就是这张泪眼中的面孔,让我即刻把它封存在记忆中,成为心中最美的风景。这就是父爱，如茶，慢慢品味才能体会其中的甘甜与醇厚。

　　留在记忆中的风景没有蓝天的广阔，却如启迪的心声，引我深思。九年级一个早春的周六，我早早起来和爸爸一起晨跑备战八百米。我一路向前，把爸爸甩在身后，还得意地取笑他："太慢了！"。大约十分钟，我累得气喘吁吁蹲在地上，而爸爸却轻轻松松地赶上来，超过我。我勉强又跑几步，一个趔趄摔倒在地。爸爸扶我坐在边道上，关切地检查我是否摔伤，然后语重心长地说："长跑靠耐力，一时胜利不代表最终结果，谁坚持到最后，谁才是胜利者！生活中很多事情也是这样。"我抬眼看着爸爸，就是这张严肃的面孔，坚毅的眼神，让我即刻把它封存在记忆中，成为了心中最美的风景。这就是父爱，如黑夜中的灯塔，让我明白盲目乐观终将失败，而脚踏实地才是成功的奠基石。

　　成长的道路上，留在记忆中的风景有很多，而写满父爱的一道又一道风景线则是最靓丽、最耀眼的。它像爱的海洋，澎湃在我心中，鼓舞我不断前进，引领我追逐梦想……

话题十六：

文章本天成，妙手偶得之
——说话艺术

我国著名的语言学家老舍先生说："语言是写作中的最基本工夫，没有运用语言的能力，文章不仅让人无从表达思想感情，更不会有什么说服力。"作文，离不开语言的表达，是用语言来反映现实社会中人们各种活动的一个过程，从中表达人的内心世界。因此，语言是写作文的第一要素。试想，一篇立意深刻，素材新颖，构思精巧的文章，如果缺少了文采飞扬的语言也会黯然失色。那么现今中学生的作文语言存在着哪些不足呢？

一、学生作文语言表达存在问题的现状分析

1. 表达方式单一枯燥

说明、记叙、描写、议论和抒情是五种常见的表达方式。写一篇文章，要以某一种表达方式为主，兼顾其他。而学生的作文现状，写记叙文，一叙到尾；写议论文，空议到底；写说明文，简单介绍；写散文，空洞抒情。如此这般写法，带给读者的效果单调、乏味、差如人

意。究其原因，都是缘于学生并没有真正明白在写作中综合运用多种表达方式的作用。其实，看一看常写的这几种文体，记叙文不用描写、议论、抒情，就很难生动形象；议论文，不用事例来佐证，或说理与举例两张皮，就很难有说服力；写散文，不写景，不叙事，结果一定是毫无生气，影响主题表现。

2. 忽视文体特点要求

有些同学在作文时有一定创新意识，日记、书信、演讲稿、寓言、童话、读后感、剧本、通讯等非常规形式也能信手拈来。但出现的问题是并不顾及这些文体的特定要求，例如，日记不写日期，书信没称呼和落款，剧本不讲究冲突，寓言没有寓意，通讯没有时间，等等。

在写作过程中，对于基本文体的要求表现模糊，例如，不清楚记叙文要以记叙为主，还要兼有描写、抒情和议论。写说明文，也不清楚要以说明为主要表达方式来解说事物、说明事理，所以不能通过揭示事物的本质特点来说明事物特征。写议论文，也不清楚论点、论据和论证之间的关系，关注了观点正确，而忽视了论据真实可靠，充分典型，论证推理必须符合逻辑。这样的结果就是，写出来的作文没有文体，读来"四不像"。

3. 写作章法混乱不清

构思时，作文是由一定范围限制的，如果不清楚自己的范围限制是什么，就很有可能泛泛而谈，记叙不着边际，中心不明确。再加上写作时间有限，来不及深思细想作通盘考虑就匆忙动笔，结果是先想到什么就先写什么，写到后来，觉得还漏掉什么就补写什么，导致思路不清晰，段与段之间逻辑关系欠紧密，结构混乱，毫无章法。例如，以"桥"为话题的作文，可以写本义的桥，即：石桥、立交桥等各种桥梁；可以写喻义的桥，即：心桥，友谊之桥；如果既写改善城市交通的立交桥,还写人与人之间沟通的"心灵之桥",又写通向世界的信息桥,主观愿望是想把能想到的统统塞进去,但结果却是整篇文章变成了大杂烩。

写作时前后风格不一致,也很容易造成章法混乱,例如,开头讲究风趣,用了幽默性语言;中途转为深沉的语言,讲了一些哲理。文章的情节、感情基调没有发生改变,作者的语言风格突然发生变化,章法就显得乱了。写作教学中,我们还常常碰到这样的现象:有些同学为了增添文章的神秘感,一会儿倒叙,写回忆事情;一会儿又回到现实中来,写眼前的事情;一会儿又插叙,写往事。这样一来,一件事就被写得支离破碎,读来也很吃力。

二、提高学生作文语言表达水平的学理研究

衣服最外显的材料,是质地;作文最外显的材料,是语言。衣服质地好,不等于就能做出好时装;然而,好时装的质地一定不错。好的语言不等于好的作文,然而,好作文的语言也一定不错的。多年来我们的作文教学一直在用正确、规范来判断学生作文的语言。作为老师,我们也很有必要改一改自己的评价标准:正确、规范的语言,不一定是最好的语言;不太正确,不太规范的语言,也不一定就是不好的语言。那么,什么样的作文语言是好语言呢? 这是作文教学中,教师要引领学生明了清晰的内容。

1. 说连贯的话

语言连贯,是作文表达的基本要求。然而,学生的实际情况常常是想到哪儿写到哪儿。有时候看似连贯,却经不起推敲。实际上"语言连贯"涉及到语言运用要符合说话主体突出,话题集中,语气顺畅,前后呼应,音韵和谐等规律。指导学生有意识地把"语言连贯"的方法规律运用到作文实践中,是作文达到语言连贯畅达

的途径。

作文语言能紧密有序地连贯成段成篇，还要考虑句子的组合要合乎一定的顺序规律——空间顺序、时间顺序、心理顺序、逻辑顺序。语言的连贯表达也要关照过渡的自然，包括：词语过渡，句句过渡，段落过渡。这三者是作文过渡训练的重点，学生只有牢固地掌握过渡规律才能解决好作文语言的连贯问题。

2. 说有时代感的话

我们经常对学生讲，作文要有"生活的气息"。同样是写"班级风波"，有同学可以写得很有"生活气息"，一看就知道是"00后"的初中生活，有同学却写得如十年前。我们在教学中也常常会感慨，为什么同学们写出来的作文若十年前的学生无太大区别。作文的时代感荡然无存。网络的飞速发展，带动了语言的飞速发展。语言，从来没有像今天这样不断翻新。酷毙了、帅呆了、蛮拼的、洪荒之力等，每年都会产生很多具有特定意义的网络词语。对于作文教学，如果学生用熟悉的"扎心了！老铁""生活不只眼前的苟且，还有诗和远方""世界那么大，我想去看看"等流行语表达，自然充满生活的气息。理性分析鲁迅的语言、巴金的语言、老舍的语言，在他们的时代也都是引领时代潮流的。因此，在作文中说一点具有时代感的话，是增强语言魅力的好方法。这一点，我们已经在各位大学"校长们"的毕业致辞中，有了深刻的体会。

例如，中国矿业大学校长葛世荣在毕业致辞中希望学生们"不要因为忙碌而淡忘了情分、疏远了距离，要与'上铺的兄弟'、'同屋的闺蜜'常联系，不能'友谊的小船说翻就翻'"。他叮嘱毕业生，不因青春无为而后悔，不因辜负父母而后悔，不因淡忘母校而后悔。葛校长还用"重要的事情说三遍"原则叮嘱学生们："不后悔！不后悔！不后悔！"

可见有时代感的语言,它最大的好处在于融入时代。学生用这个时代的语言来写作文,他就清楚地感受到作文与生活水乳交融。

3. 说有亲切感的话

作文语言读来真实感强,自然亲切是一种风格。可以通过语气词、拟声词的使用来具体表现,也可以通过对话等描写方法营造气氛来具体表现。而看一看学生的作文,很多学生是没有使用语气词的意识和习惯的。其实"嗯""哼""啊""哈"等都是极普通又极具表现力的词汇。例如,"嘿,没想到还真证明出来了!"我敬佩地频频给他点赞:"嗨,不愧是数学课代表,学霸学霸呀!"在这一段《我的同桌》作文节选文字中,"嘿""嗨""呀"三个语气词的使用,给语言表达增添了强烈的生活感。

4. 说有节奏感的话

作文中有一种普遍现象,就是语言表达长句连篇,其效果是断句不顺畅,缺乏表现力。从表达效果来看,优美的语言并非要华丽的词藻。流畅、通达,表达严密而恰当,具有内在的节奏,讲究参差中的对应,读起来顺口、上口,也是一种优美。

其实,关于中国语言的节奏感和韵律美,在中国的传统文化中,在中国的经典文章里,早就有了数不胜数的范例。中国的传统语言文化偏重于对称和节奏,这是中国几千年文化演变积淀而成的汉民族美学心理。中国的建筑,如四合院、寺庙宫殿的设计,对称和节奏的美学心理表现得相当突出。中国古典文章里有一种骈文,也就是一种整齐的句式,如果能在写作中适当地运用,也会达到很好的表达效果。

例如;有一位学生的作文里有这样一段话:"阳光依旧灿烂,它不会因为我的心情暗淡而失去它的光泽,天空依旧蓝,突然想到,我不能这么悲观,我要向前看。"

分析这段语言,虽然不失美感。但读过之后总是会觉得有一些美中不足的。是什么呢?就是语言的一种均衡性、对称性。前面的"阳光依旧灿烂,它不会因为我的心情暗淡而失去它的光泽"与后面的"天空依旧蓝"很不对称,总让人觉得缺少一点,显得很不整齐。

稍作修改再读:阳光依旧灿烂,它不会因为我的心情沮丧而失去光芒;天空依旧湛蓝,它也不会因为我的情绪暗淡而去黯然神伤。突然想到,我不应该这么悲观,我要向前看。

这样再读,我们就可以感觉到这段文字均衡得多,节奏感也强了。也就是让其中的文字有一定的对称性,而产生节奏感。

5. 说有错落感的话

语言的错落就是在文章中你的语言要尽量富于变化,长句、短句、骈句、散句交错使用,可以使文章错落有致,摇曳多姿,极富美感。有很多时候,就整篇文章来看整齐与错落是交叉的,也就是整齐中错落,错落中有整齐,这是一种比较理想的表达效果。

习作节选:暑假里的一个午后,走在回老家的路上,35度的高温早就让我大汗淋漓。但我仍背着硕大的背包一步一步艰难地向前走着。我累、我热、我渴昏、我急躁……但一想到马上就能看到一年没见的爷爷奶奶,还有那条陪伴了整个童年的大黄狗,我凉、我爽、我兴奋、我快乐……

这段话写的是一件非常平常的事:放假回老家。高温、流汗、疲惫、干渴、急躁等内容都不是美好的,可是,读起来却是那样的富于美感。它的语言特点在于其长短交错,排列恰当,再配上心境的美好期待,就出现了生动而美好的表达效果。

6. 说有情感的话

感情常常充溢着我们每一个人的心,但是,要把我们心中那真挚的感情表达出来却是要在语言上多加琢磨的。

习作节选：有句话精炼地概括了生活中的三种情感：友情是水，师情也是水，亲情是血。显然，其中最珍贵、最浓厚的是亲情，然而在我看来，友情与师情的最高境界都是融为一体的亲情。

习作修订：友情是水，师情也是水，亲情是血。不知是谁用如此精炼的语言概括出了生活中的三种情感。显然，在人们看来，这其中最珍贵、最浓厚的一定是亲情，"血浓于水"呀！

然而，在我看来，这浓于水的血不一定只流淌在一脉相承的亲人间，如果友情也到了甘苦与共的境界，师情到了恩重如山的境界，又何尝不也是一种血的流淌啊！

分析：第一段话在表达上基本没有使用任何技巧，只是用非常平静的态度告诉了我们作者的理解，读者读过之后，可能会颔首称同，但，很难被感动。而第二段话，感染力极强，抒情意味浓重，感人至深。

7. 说有深度的话

语言的深刻性主要反映一个人的思想的深刻性，所以，没有一个深刻的思想是不可能有深刻的语言的。这就要求作文时对身边的人或事，对社会的人或事多加以思考，联系所学过的各科知识，给出一个深刻的认识和一个较为正确的评价。当然一般这都是自己在平时训练中积累起来的。教材中的很多课文，例如《背影》《紫藤萝瀑布》《走一步，再走一步》都是这方面的典范，从平常小事中领悟到深刻的生活道理。

三、提高学生作文语言表达水平的技法策略

1. 培养语感

文学家曹禺先生说："一个人只有对语言有了强烈的兴趣，他

才能更好地领略文学语言的妙境，才能体验到语言的精微之处"。实践证明，一个人对语言感兴趣,才能熟练的驾驭语言,获得语感。

所谓语感,就是对语言的敏锐感受力。朗读是传统语文教学中最常用的教学方法,也是获得语感的最直接的手段。朗读在培养语感的过程中能树立语言文字的最基本的形象,最直接地表达作者的情感。在朗读过程中激起读者与作者的情感共鸣。在教学中,要教给学生朗读的技巧,注意朗读的轻重、节奏、韵味、表情等。作文教学中提高学生的语言表达能力必须以学生朗读为基础,多读、多练,学生能从朗读中悟出文字的思想内容,那么他就真正地形成了语感。例如:在教学《济南的冬天》一课时,引导学生在反复朗读课文的过程中,想象济南的冬景图。当学生再写《校园的冬天》一文时,就会潜移默化受到影响。

习作节选:最妙的是去年冬天的第一场小雪。看吧,教学楼边上的那一棵棵万年青,都被轻轻地披上一层细细的白纱。那棵石榴树的枝杈上,也像挂满了一颗颗白色的小星星。远处的操场上,薄薄的一层就像给大地铺上了一层地毯,偶尔有同学走过留下的脚印,就像是地毯上的小点缀,更是别有一番情趣。等到放学的时候,开始了同学们的欢乐时光,踩雪嬉戏的笑声更是让校园的冬天充满欢乐!

作文教学培养语感还表现在对"流畅"语言能力的培养。要培养学生作文语言的流畅,就要从学生熟悉的实际生活做起。练习说时要让学生敢于说出自己心中最真实的感受,不要养成说假话、说空话、说大话的不良习惯。可以采用让学生说故事的练习方法,培养作文语言流畅表达的能力,因为学生在说的过程中,必须要在较短的时间内用最好的词语与句子来表达,这对于作文语言的流畅

起到很好的练习作用

习作案例:写一个人的外貌,教师的任务是要引导学生能否说出与他人不一样的地方,避免只用单调的修饰语言来完成。例如,"他有一双大大的眼睛,一个大大的鼻子,还有一张大大的嘴"这一句描写,可以改为"他有一双水灵灵的大眼睛,一个成龙似的大鼻子,那一张大大的嘴足以是成为'大口明星'了。"这样就能通过有趣的描写,增强语言的丰富感。

2. 五感渗入

"让五感渗入写作"就是从感觉、视觉、触觉、味觉、嗅觉五个方面入手对写作对象进行描写。好的作文就像好菜一样,需要色、香、味俱全。作文教学中,学生写自己亲眼所见、亲耳所闻、亲身所感,作文才生动、具体。而观察不仅是用眼看,还包括耳朵听、鼻子闻、舌头尝、身体触这"五感",也就是人的五种感觉器官,视觉、听觉、嗅觉、味觉、触觉。在写作过程中,充分调用"五感",使学生在体验中认识事物,懂得事理,激发写作兴趣。例如,我们在日常生活中赋予了色彩以喻义,如:红色象征着热情似火,绿色象征着和平安宁,白色象征着纯洁浪漫等。所以在写作《留在心中的色彩》一文,可以使学生充分展开想象,鼓励突破自己的固有思路去观察事物。有的学生由蓝色想到大海,写出了视觉上的浩瀚,又调用听觉写出海涛声声,似一种心灵的召唤。

3. 适用修辞

"语言不是蜜,但可以黏住读者。"这句话非常形象的写出了语言的魅力。"让修辞走进作文"利于把抽象的事物变得容易理解且生动,是美化语言最常用的方法,可以使语言具体可感,鲜明生动,富有韵味,富有表现力,从而增强表达效果。

修辞手法是修饰语言最重要的手段,因此在作文中根据表达的需要,灵活恰当地使用比喻、排比、拟人等修辞手法,既能使语言生动形象,也能增强作文的表达效果和审美因素。茅盾说:"文学作品的语言应当是形象化的,富有表现力的,准确生动和精炼的, 以传达作者所欲传达的思想情绪, 可以构成鲜明的形象。"比如:"燕子去了,有再来的时候;杨柳枯了,有再青的时候;桃花谢了,有再开的时候。"一个排比,三个画面,化抽象为具体,渲染了时序的变迁,暗示了时光的流逝,勾起了读者对时间的感叹。

4. 恰切引用

要想提高语言修养,首先要有广泛的阅读。阅读是人类获取知识的重要途径,对提高学生写作水平、强化自身素质、健全人格都有着重要作用。"读书破万卷,下笔如有神"说出了一个深刻的道理:阅读是写作的基础,语言来源于丰富的积累。《语文课程标准》在提出了"关于诵读篇目和课外读物的建议",部编本教材也规定了古诗词的课外阅读篇目和名著篇目。这些都是学生广泛涉猎语言材料的范例。特别是引用名言佳句,可以增强作文的韵味,有理性升华之美。

(1)引用诗词写景

可以选用一些田园山水诗,使景物变得内涵丰富,能平添许多风采。

【习作节选】

夕阳西下,水面上的一切都变成了金色,远远望去,我终于体会到了"满载一船秋色,平铺十里湖光。"的真实与美丽。

(2)巧借诗词抒情

可以把一些抒情气息浓郁的诗词引用到文中, 使文章情真意切、情思绵绵、韵味无穷。习作节选:在通往山顶的过程中,我会会坐在石阶上,享受"清泉石上流"快感;会体会那"人闲桂花落"的闲情;会聆听那"时鸣春涧中"的天籁之音;会享受在那崎岖小路上"柳暗花明又一村"的惊喜;会享受"万花丛中一点红",路边处处是美景的惬意。

(3)用名句做标题

标题是文章的眼睛,"题好一半文"。在文章标题处引用古诗名句,能让题目显得典雅蕴藉,富有文学情趣,既给人亲切感,又能增强感染力。例如,《一花一世界》《淡妆浓抹总相宜》等。

5.锤字炼句

推敲字词就是对词语进行比较、选择、锤炼,以达到简洁精炼,形象鲜明,声音优美,富有情趣。语句的锤炼必须追求丰富的意蕴,追求警策性、哲理性与形象性的有机结合,这样句子才会有厚重感,让人读后产生思想的享受,以及联想的收获。要写出富有哲理的语言并不难,因为文句的意蕴一般是对普遍意义的提炼与升华。平时只需要多观察生活,多对事理进行深入的思考,有自己的独特体验,自然见解就能入木三分,也能写出意蕴深厚的句子来了。

6.融情于文

鲜活的语言只有用真情实感才能酝酿出来。何谓真情实感?"真情"是作者在文章中流露的、抒发的真挚感情,是发自内心的情感;"实感"是作者对自然、社会和人生的独特感受以及真切体验。真情实感是作文的生命,来自于作者对周围事物的细致观察,来自于对生活独特、真切的感受。没有对生活的感悟,文章语言就会失去灵性和意蕴,就会肤浅直白,缺乏感染力。

例如,《白杨礼赞》这篇课文,作者从西北黄土高原上"参天耸立,不折不挠,对抗着西北风"的白杨树写起:干,"通常是丈把高,像是加以人工似的,一丈以内绝无旁枝",丫枝,"一律向上","紧紧靠拢","绝无横斜逸出";叶,"片片向上,几乎没有斜生的,更不用说倒垂了";皮,"光滑而有银色的晕圈,微微泛出淡青色"。然后由"形"进一步深入到"神",高度赞颂了白杨树"努力向上","不屈不挠"的坚强性格。从而感悟:坚韧、勤劳的北方农民,歌颂他们在民族解放斗争中的朴实、坚强和力求上进的精神。

7. 综合表达

对于初中学生而言,写记叙文,除了记叙为主外,一定要兼有其他表达方式的运用。例如,人物的一连串动作,人物的神态变化,人物活动的场景,等等。必要时要运用议论抒情,以情点染,以议升华,达到画龙点睛的目的,收到情理相济的效果。

写散文,更是要兼用多种表达方式,或叙述,或描写,或议论,或抒情,做到各展其长。

至于一篇文章里,到底该用哪种表达方式,或哪几种表达方式,并无定论,要因文而异,因内容而异,因主题而异,因作者的认识而异,因写作需求而异。

8. 幽默有趣

有的时候,为了增强语言的趣味性,还可以玩一点幽默。幽默犹如润滑剂,在作文中适当地搞一点幽默,既可以博得读者的欢心,又可以使文章语言具有表现力。

【习作节选】

唉,中考,我真服了!哥们儿,我知错了,即使你绊倒我,我也没的说,没的怨。但是,我也是勇者无敌呀,怎能让你绊倒?再努力、再加油,爱拼才会赢!

在上面的片段中,透过幽默的语言,我们看到了作者的不懈努力,与自我鼓励。熟练自如地使用幽默语言不是一朝一夕之事,需要在长期的训练中逐渐形成。

【写作实践交流】

教学设计分享：

怎样使作文语言更富有表现力

教学目标：1.学习作文语言更富有表现力的方法，尝试文采语言的写作。

2. 丰富作文语言的积累，提高书面语言的表达能力。

3. 增强写作兴趣，培养不断提升写作质量的自觉性。

教学重点：学习作文语言更富有表现力的方法，丰富作文语言的积累。

教学难点：尝试文采语言的写作，提高书面语言的表达能力。

教学时数：一课时

教学过程：

一、情境对话，设问导入

孔子曰："言之无文，行而不远。"意思是文章要讲究文采，讲究美。文章的语言没有文采，就难以流传久远。云想衣裳花想容，孔雀靠一身亮丽的羽毛吸引人，牡丹靠雍容华贵的丽姿倾倒人，那么作文呢？也要用清词丽句打动人。你们的作文语言自己还满意吗？我们羡慕别人的文章字字珠玑，句句精华，篇篇锦绣，我们也要思考怎样让自己作文的语言有文采，"亮"起来呢？今天，咱们师生就一起来探讨如何使作文语言表达绚烂起来的方法？

二、欣赏品评，感悟技法

1. 鉴赏比较

自读下面两个语段，找出有文采的句子，做朗读分享。

【原稿】

周一的早晨,母亲把校服叠得板板正正,把20元零用钱放进我的校服口袋,送我到走到公交站,嘱咐说:"到学校门口,别忘了买早点。"

【修改稿】

周一的早晨,早早就起来的母亲把洗干净的校服叠得板板正正,递给我时还飘着洗衣粉的香气。看见我快速穿好校服,母亲理了理我额头乱了的刘海儿,接着就把20元零用钱放进了我的校服口袋。她还一把抢过我的大书包,自言自语:"这么沉,我背会儿,你先省点儿力气。"她送我走到公交站,看着公交车进站才帮我把书包背在肩上,细细柔柔地嘱咐说:"到学校门口,别忘了买早点。"

学生活动一:小组讨论,上面两个语段在语言表现力方面的异同点分别是什么? 并从中总结出能让作文语言更有表现力的"妙招"有哪些。

【教学预设】学生讨论"妙招"之一:运用叠词、描写连续动作

2. 重温经典

自读下面课文选段,总结出能让作文语言更有表现力的"妙招"有哪些。

【选读1】不必说碧绿的菜畦,光滑的石井栏,高大的皂荚树,紫红的桑葚;也不必说鸣蝉在树叶里长吟,肥胖的黄蜂伏在菜花上,轻捷的叫天子(云雀)忽然从草间直窜向云霄里去了。单是周围的短短的泥墙根一带,就有无限趣味。油蛉在这里低唱,蟋蟀们在这里弹琴。 ——
《从百草园到三味书屋》

【选读2】小草偷偷地从土里钻出来,嫩嫩的,绿绿的。园子里,田野里,瞧去,一大片一大片满的。坐着,躺着,打两个滚,踢几脚球,赛几趟跑,捉几回迷藏。风轻悄悄的,草软绵绵的。

——《春》

【选读3】每一穗花都是上面的盛开、下面的待放。颜色便上浅下深,好像那紫色沉淀下来了,沉淀在最嫩最小的花苞里。每一朵盛开的花像是一个张满了的小小的帆,帆下带着尖底的舱。船舱鼓鼓的,又像一个忍俊不禁的笑容,就要绽开似的。

——《紫藤萝瀑布》

【选读4】我看见过波澜壮阔的大海,玩赏过水平如镜的西湖,却从没看见过漓江这样的水。漓江的水真静啊,静得让你感觉不到它在流动;漓江的水真清啊,清得可以看见江底的沙石;漓江的水真绿啊,绿得仿佛那是一块无瑕的翡翠。

——《桂林山水》

【选读5】日晕和月晕常常产生在卷层云上,卷层云后面的大片高层云和雨层云,是大风雨的征兆。所以有"日晕三更雨,月晕午时风"的说法。……人们常说:"东虹轰隆西虹雨。"……朝霞在西,表明阴雨天气在向我们进袭;晚霞在东,表示最近几天里天气晴朗。所以有"朝霞不出门,晚霞行千里"的谚语。

——《看云识天气》

学生活动二:

(1)自读上面小组五则选段,思考能让作文语言更有表现力的"妙招"有哪些。

(2)小组讨论,互相补充、整合,推选代表全班发言。

【教学预设】

学生讨论"妙招"之二:运用多种修辞手法,展现自己较高的文学素养。

教师点拨:运用修辞手法,或比喻,或拟人,或排比,或反复,由此及彼,由物及人,形象生动,又藏而不露;能悦人耳目,引人遐想,又耐人咀嚼回味。

"妙招"之三：引用(或化用)诗词、名言、格言、俗语、歌词、经典广告语等。

教师点拨：适当引用，不仅可以展现自己阅读的广度和厚实的底蕴，还可以增强语言的文采和意蕴。

"妙招"之四：通过比较突出特点。

妙招之五：运用各种描写，展现自己独特的个性才情。

教师点拨：描写方式多种多样，例如，景物描写、动作描写、外貌描写、细节描写等。描写即用文字做画，文章中有一两段细致入微的描写，犹如电影中的特写镜头，使人如临其境，如见其人。

3. 活学巧用

练习一：阅读下面这两段学生习作，并做出简要评价。

【语段 1】前几天，我脸上长出了十几个青春痘，我并不在意，哪想到越长越多了。

【语段 2】前几天，我这只有零星几粒痘痘的脸上'蹭'地又冒出十几粒，我并不在意，认为这些'小丘'很快就会消失的，哪想到，这些小家伙顽强不屈，前赴后继，只几天工夫就星罗棋布地在我脸上泛滥成灾了。

练习二：请根据下面提示，以"登山路上"为题，写一段不少于200 字的短文，要求使用今天所学的妙招，至少用三个。

题目：登山路上

提示：游人、绿树、花香、鸟语、白云、诗句

4. 深入探究

学生活动三：

(1)全班齐读下面语段，思考能让作文语言更有表现力的"妙招"有哪些。

(2)分角色朗读：班主任、同学们，再思考能让作文语言更有表

现力的"妙招"有哪些。

到了学校,首先是晨读。同学们哇啦哇啦,摇头晃脑,没哇啦一会儿,嗓子发干,便不那么用力了。班主任在讲台上站着,眼睛睁得贼大,目光像探照灯一般扫射着教室,连遥远的角落也不肯放过,他大声提醒:"大声读啊!""嗡"地一声,教室里又炸开了锅。

【教学预设】学生讨论"妙招"之五:句式活泼而富有变化(整句散句、长句短句),展现娴熟的文字技巧。

教师点拨:整句是整齐匀称、节奏和谐、气势贯通、意义鲜明的句子。散句是结构不同,字数长短不一的句子。

学生活动四:欣赏下面语段,体会长短句的节奏美。

这里的山,巍巍的,有如一道屏障;长长的,又如伸开的两臂,将晋祠拥在怀中。春日黄花满山,径幽香远;秋来草木萧疏,天高水清。无论什么时候拾级登山都会感到心旷神怡。

——选自梁衡《晋祠》

三、课堂小结

总结本节课所研究的五个"妙招",布置作业,在课余时间坚持练笔,并积极尝试运用能够使作文语言生动形象的五个"妙招"。然而,单单掌握这几个"妙招"还远远不够,需要我们在今后的写作实践中认真体会,还要有更多的阅读和思考。

四、作业

主题词写作(中秋,月夜,赏月),综合运用多种方法写一段有文采的片段作文,字数不低于 300 字。

成功离我并不远

雏鹰奋力飞向天空,它成功学会飞翔;小草破土萌芽,它成功钻出地面;小溪奔腾向前,它成功流向大海。生活也是如此,只要一路向前,成功就一定会离我们并不远……

成功离我并不遥远,坚持是走向成功的奠基石。九年级一千米体测实在是我的弱项。又一次开始训练,二百米还游刃有余,四百米就喘得只想放弃。脚下一滑我跌倒在地:"我又不想当运动员!"正当我给退却找理由时,好友从身后追过来大声吼道:"你又想当逃兵?"说着就拉起我的胳膊,奋力向前跑起来。我的腿像灌了铅,嗓子也早已跑得冒烟,耳畔还不停传来好友的督促:"向前跑,用力!"当我第一次冲过终点的一瞬间,回望并不算太长的赛道,我突然明白:面对困难,唯有坚持奔跑才能找到前行的方向。只要不懈努力,成功并不遥远。

成功离我并不遥远,勇敢接受挑战是一把开启成功大门的金钥匙。八年级军训是我难以忘怀的一段经历。炎炎午后,站在军训场上,我忍不住把手伸进口袋,想摸出手机给妈妈打一个电话,便能溜之大吉。随即听见教官坚定的声音:"磨练意志,不怕吃苦,终身受益,想做逃兵,我不拦着,但你终将一事无成!"教官的这番话就像锥子深深扎进我的心里,刺痛着我那薄弱的意志。我赶紧调整军姿,手贴裤线。当军训终于结束,我站在镜子前面,发现自己虽然皮肤被晒得黝黑,但原来胖乎乎的脸庞却现出坚毅的棱角,眼睛里饱含着不服输的意味,我顿时明白:磨练是对奋斗者的考验,勇敢接受困难的挑战,才是取得成功的法宝。只要认准目标永不放弃,

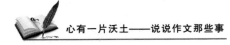

成功并不遥远。

　　成功离我并不遥远，不懈拼搏是奔向成功的催化剂。那是学校组织的足球比赛，足球场上我们班很快就以 1:3 落后，大家像泄气的皮球，有气无力地乱跑着。中场休息时，队长喊到："一分钟都能翻转输赢，何况我们还有半场？"重新站在比赛场上，我们昂扬斗志，积极改变战术，努力拼抢，很快就将比分扳成 3:3 平。在加时只剩一分钟时，我们又攻入一球。大家激动地拥抱在一起，分享着成功的甜蜜。是啊，只有洒下拼搏的汗水才能收获胜利的喜悦，成功是奋斗者用永不停歇的脚步拼搏出来的。只要坚韧努力，积极进取，成功并不遥远。

　　庄稼挑战风吹日晒才能收获丰收的甜蜜；松柏挑战风雪刺骨才能体验成功的喜悦。是啊，在奋斗中成长，我明白了挑战是对奋斗者的磨练，我体会到挫折是对奋斗者的奖励。只要不懈奋斗，成功离我并不遥远！

话题十七:

接天莲叶无穷碧,
映日荷花别样红
——课程群建设

"课程"一词在我国始见于唐宋期间,"维护课程,必君子监之,乃依法制。"宋代朱熹在《朱子全书·论学》中提及"小立课程,大作工夫",这里的"课程"仅仅是指学习内容的安排次序和规定,没有涉及教学方面的要求,因此称为"学程"更为准确。到了近代,由于班级授课制的施行,赫尔巴特学派"五段教学法"的引入,人们开始关注教学的程序及设计,于是课程的含义从"学程"变成了"教程"。目前,随着研究的发展,对课程的含义也有了更加广泛的理解——课程是对育的目标、教学内容、教学活动方式的规划和设计,是教学计划、教学大纲等诸多方面实施过程的总和。

对于语文学科而言,加强作文课程的建设是整个学科发展的关键之一。作文课程的建设的要素有两个:规划设计和实施过程。

作文课程的规划设计,主要是解决设置什么作文教学内容、如何排序、各项教学内容的研究标准等问题,这一系列工作实际上就是作文课程规划的模式建设;

　　作文课程的实施过程，主要是解决怎样教才能实现作文教学培养目标等问题,这一系列工作实际就是教学模式的建设。

　　因此，作文课程建设的主要内容就是作文课程模式和作文教学模式的建设。为了更好的完成这两方面内容的研究,"作文课程群"的建立与完善就成为一个关键支点。初中"作文课程群"的建设包括了与写作相关的阅读、口语交际、综合性学习等语文学习范畴内,听说读写的整合与运用。

　　语文核心素养是学生在积极主动的语言实践活动中构建起来、并在真实的语言运用情境中表现出来的个体言语经验和言语品质;是学生在语文学习中获得的语言知识与语言能力、思维方法和思维品质,是基于正确的情感、态度和价值观的审美情趣和文化感受能力的综合体现。初中"作文课程群"的建设是以作文的内部知识为原点,辐射阅读、口语表达、实践活动等多个语文领域,例如,仿写名篇佳作、主题演讲、敬佩的教师采访录。可见,这是一条提高学生语文素养切实可行的具体路径。

一、现实需求分析

　　写作课程群的许多课型,例如,写作互评课、朗读欣赏课、阅读成果汇报课等等,绝不是老师灵机一动、凭兴趣来上的,都是教学实际以及学生个体发展向我们提出的需求。例如,学生写作人物,需要突破记叙文的条框而增加一些时代感和文学色彩, 所以开设了"通讯写作"课;学校艺术节设置了"课本剧"专场活动,所以开设了"编剧培训"课。课程的发展充满着活力,时时萌发着新的增长点。社会生活的快速发展,常常会给写作课程提出新的挑战。例如,学习课文《孤独之旅》,学生对电影《草房子》产生浓厚的兴趣,于是开设"影评课",对其作品分析、鉴赏和评论,就成为了写作课程一个新课题。

二、相关理念分析

1. "作文课程群"建设的基础——语文积淀

"作文课程群"的建设具有鲜明的综合性、实践性、时代性、文化性、艺术性、实用性等特点。作为语文老师来说，要多看各类专业书籍，积累语文学科及跨学科知识。在"作文课程群"的实践中，还要注意借鉴艺术类、科学类、理工类、语言类等各学科的特色教学方法，汲取各学科的特色以及独特看问题的角度。"作文课程群"的建设离不开学术研究，要常常呼吸学术界的新鲜空气，这是提高作文教学质量的基础。"作文教学只讲作文技法"的时代早已经过去。一名教师在"作文课程群"的建设中，如果没有自己的研究，就无法准确决定开设那一类型的作文课，作文教学就必将陷入单纯知识传授的陈旧模式，而做了"写作技法"传授的"传声筒"。

2. "作文课程群"建设的关键——观念更新

"作文课程群"究竟应该给学生讲什么？在当前网络时代飞速发展的时代，老师提供写法咨询、实践活动指导，在一定程度上取代了写法传授的单一形式，而成为了提高学生写作能力的主要形式。在学生作文能力的持续提升过程中，学生写作意识、观念的形成要远比认知写作方法、学习理论知识更为重要。例如，在"作文课程群"的建设中，树立作文素材的广度意识；学生阅读文本的深度对作文的质量有积极的影响作用；开展作文活动实践不等于显示写作训练；作文课堂教学必须开放，适时引进网络上的专业新鲜空气；作文课程中每一个群组建设，都要强调培养学生的专业核心技能；作文实践活动也是一种实践"休闲活动"，提高作文能力也要注重培养批判性思维能力等等，都是"作文课程群"在建设过程中，要树立的意识、观念。

3. "作文课程群"建设的活力——跨界融合

"跨界"一词,现在已经成为国际最潮流的字眼之一,从传统到现代,从东方到西方,跨界的风潮愈演愈烈。"跨界"代表一种新锐的生活态度与审美方式的融合。简单说来就是不同领域相互交叉合作、融合的现象。跨界的人或事物给人一种独特新颖的立体感和纵深感。跨界主要运用"借平台""借力""借智"等手段,表面上看是形式、方法的改变,但实际上是跨界者拆除思想藩篱、打破思维界限的艰难过程。对于"作文课程群"的建设,最难跨越的不是写作技法的界限,而是思想观念的界限。例如,阅读、品鉴与写作的"跨界融合";评论、艺术与作文教学的"跨界融合"等等。所以,教师不能固守单一的学科领域,而要有意识地激发自己作文课程的兴趣和潜能。

4. "作文课程群"建设的保障——团队建设

"作文课程群"的建设,绝不是单枪匹马能做成的,必须形成一个相互协作的教师研究开发团队。因为,网络时代的学科发展更加复杂,需要集群智慧。"作文课程群"的每一个单位,涉及的领域都是要深刻挖掘的,而且专业领域是一个活的生命体,时时都在生长,具有永恒的生命活力,永不衰竭。因此,"作文课程群"建设的研究成果,需要专业人员一代一代传承下去,并进行不断的探索、进取、完善。例如,七年级学习《邓稼先》一文,开设了"通讯写作常识"的作文课,八年级学习《藤野先生》一文,开设了"通讯写作应用"的作文课。这两个作文课程,都渗透着写作的基本技能,但在侧重点、实践活动的具体要求等方面,都有着自己各自的独特性。所以说"作文课程群"的建设课程的专业团队建设,是一项长期的艰巨任务。语文教师应该学会创新创造新的自由空间,从而使我们的作文课程具有鲜明的时代色彩。

三、实践路径分析

1.阅读与写作

（1）内涵阐述：阅读是吸收精神上的养料；写作是表达，把脑子里的东西拿出来，让人家知道，或者用嘴说，或者用笔写。关于阅读和写作的研究，就是对"如何吸收"和"怎样表达"的研究，一个是进，从外到内，一个是出，从内到外。

（2）开发课程建议

课程名称	特点说明	具体举例
读写补白课	写人叙事的文章大多都有完整的故事情节，丰满的人物形象，但这并不意味有关故事情节和人物形象的方方面面都得写实写满。阅读中，针对作品独具匠心所留下的空白点，联系文章的内部关联展开想象，诉诸文字，叙写补白。	课文的空白点常常表现在故事情节的跳跃处。例如，阅读郑振铎的《猫》，通过"来历"对比，一、二只猫是因为喜爱要来的，第三只猫是因为可怜捡来的。情感基础不同、来历不同，在家的地位也自然不一样。这中间便是情节跳跃处，即为第三只猫的悲剧命运作了厚实的铺垫，第三只猫在离家两个月的时间里发生了什么，两个月后为何会忽然死在邻家的屋脊上。在此便可以设计一个以"第三只猫的心声"为题的补白型写作训练。
换位说话课	阅读文章时，可以突破站在作者立场上，循着作者思路去考察、理解文中人和事的阅读习惯，而转换一个角度，转换一个位置去审视和理解文章，从而获取更多创作练习的机会。	如莫怀戚《散步》是用第一人称写的，通过"我"既是儿子又是父亲的感受，描述一家四口人散步的情境。阅读后可以以"长大了的自己"的身份来"换位说话"，题目是《回忆那一次散步》。
引申铺展课	针对阅读文本中那些只起过渡或铺垫作用的寥寥数语的内容，变概括为具体，从浅层向深层挖掘，将原文情节引申铺展得更为生动曲折。	阅读鲁迅先生《孔乙己》一文，有一个情节：孔乙己来店里喝酒，大家取乐他之后，店内外充满了快活的空气。请想象这是一种什么样的场面，并描述出来。
原因原理考证课	有些阅读文本涉及到科学的发明和研究等科学知识，但一般只侧重于现象的描述，不作原理解说。以初中学生的学习经验和查找知识的能力为基础，让学生探究文本中的科学原理，并将它们整理出来。	《河中石兽》一文主要内容是河里掉了石兽，因为水的冲力和石兽本身重量的原因，所以找石兽要从石兽掉落的上游去找。这里面涉及了比重、作用力等物理原理。若能对此考证一番，写成文章，无疑对激发学生的求知欲望很有裨益。

课程名称	特点说明	具体举例
缩写概括课	缩写阅读文本，要求提要式地再现阅读内容，既要要把握课文重点，又要要力求设计一个好的缩写形式,给读者以新鲜感。	毛宁的《梦回繁华》,以生动的笔法介绍了《清明上河图》这一画作,描摹了北宋时期繁华的市井风情。缩写时可以设计为这幅画作写一则说明,为一点都不了解它的朋友们做简要介绍。
文体改编课	文体改编课的任务,主要是通过改变文本体裁,来重现文本主要内容。	阅读叶圣陶的说明文《苏州园林》,请以《苏州寄情》为题改写成一篇叙事散文。
感受分享课	在阅读中产生的各种感情、感想是丰富而深刻的,及时记录下来与同学们进行分享,即是对自己阅读的一种总结,也是对名篇佳作的一种推广。这一作文过程,鼓励学生全方位挖掘文本内涵意义,发表自己独特感受,培养学生读"活书",写"活文"的良好习惯。	《美丽的颜色》是艾芙·居里写的传记文章,出自她的作品《居里夫人传》,通过艾芙·居里的视角形象地描述了居里夫妇发现钋和镭的过程。阅读后,请自选角度谈一谈自己的阅读感受。

2. 主要文体写作

（1）内涵阐述：文体，是指独立成篇的文本体裁或样式,初中阶段常见的文体写作是记叙文、说明文、议论文。研究文体写作,即是研究采用适当的形式,来反映对生活的认知、理解与感悟。

（2）开发课程建议

课程名称	特点说明	具体举例
记叙文写作指导课	1.文体特点课:记叙顺序、表达方式; 2.写作技巧课:选材、立意、布局谋篇; 3."锦上添花"出彩课:靓语连珠。	有线索是谋篇布局的一个亮点,可以将事件从开端、发展、高潮到结局一条线写下来。请以"心灵的选择"文题目,写一篇记叙文。要求:有一条鲜明的线索。
说明文写作指导课	1.说明文类型写作课:自然科学说明文写作课,社会科学说明文写作课;事理说明文写作课,事物特点说明文写作课。 2.文体知识实践课:说明方法、说明顺序、说明语言特点、说明结构安排。	选择你喜欢的一个物品,按照合理的顺序进行介绍说明,字数不少于400字。
议论文写作指导课	1.议论文类型写作课:立论文写作、驳论文写作。 2.文体知识实践课:三要素、议论方法、议论顺序、议论文语言特点、议论结构安排。	"做功不同,人生将给出不同高度的抛物线。"品味这句名言,你一定会产生许多感触与联想。那么就请你以此为话题,写一篇议论文,要求:观点正确,有理有据,不低于600字。

3. 文学写作

（1）内涵阐述：文学是以语言文字为工具，比较形象化地反映客观现实、表现作者心灵世界的艺术，以不同的形式表现内心情感，再现一定时期和一定地域的生活。文学创作是一种特殊的复杂的精神生产，是对生命的审美体验，通过艺术加工创作出可供读者欣赏的文学作品的创造性活动。

（2）开发课程建议

初中"作文课程群"的创作，主要是指通过不同类型的文学创作，把内心的形象尽量准确，鲜明，生动的描绘出来。以便让读者也能像自己一样看到和感受到这些艺术形象。常见的课型有：小小说创作课、对联写作课、仿写名篇课、戏剧创作课、寓言写作课、童话写作课、科幻作品写作课、散文随笔写作课。

4. 实用写作

（1）内涵阐述：实用文体是各种实用型文章的总称，与欣赏型文章相对，是指为解决实际问题而撰写的文章，是社会生活中具有特定用途的文章。实用性文章在内容和形式上，表现出两大特征：一是内容上为解决实际问题或处理具体工作而写；二是形式上有固定的格式。

（2）开发课程建议

书信写作课——家书、贺信、表扬信等；

条据启事写作课——借条、收条、寻物启事、招领启事等；

实验报告写作课——生物、化学、物理等学科实验报告；

自传、小传等传记文学类写作课；

礼仪类文书写作课——海报、请柬等；

评论解说类文书写作课——新闻评论、文学评论、解说词、演讲稿等。

"作文课程群"的建设,针对初中写作的基本理论、基础知识和方法,综合知识的运用、活动实践的总结等,对学生进行的写作能力的培养。本课程具有综合性和实践性特点。写作实践与学生的思想认识、文化观念、政治态度、道德修养、生活阅历和知识水平等有密切关系,也与学生的语言、文学和思维能力等方面的素养息息相关。"作文课程群"的研究与实践,在把写作理论的学习转化为写作能力,掌握写作技能技巧等等方面具有很强的指导与操作性。

【写作实践交流】

教学设计分享:

初中立论文写作

教学目标:

1.学习规范议论文的写作要素,把握议论文写作的完整结构。

2.体会议论文行文思路的过程,实践规范写作。

教学重点:

学习规范议论文的写作要素,把握议论文写作的完整结构。

教学难点:

体会议论文行文思路的过程,实践规范写作。

教学过程:

一、导入

对于议论文的写作,很多同学表示对于树立一个观点,还是比较有把握的,而对于怎么分析自己的观点,就觉得有困难。特别是自己准备用的各种材料和观点怎样紧密联系,才能增强言之有理,言之有据,言之有序的效果,还是感觉困难比较大。今天,咱们就一起来研究研究议论文写作的完整结构安排和行文思路的过程体现。

二、例文引路

学会转身

一个木匠丢了一块手表，几个热心的邻居一起帮他找。他们将地上的刨花、工具箱以及木匠身上的每一个口袋都翻烂了也没有找到，结果却让一个孩子找到了。木匠很惊讶，问孩子是怎么找到的。孩子说，很简单啊！手表是有声音的，我只是在你们都安静下来的时候坐到刨花旁听，然后沿着声音的方向走过去，就找到了。

事实上，在遇到困难时学会转身，换个角度看问题，问题往往就迎刃而解。就像丢失在刨花里的那块表，大人们翻烂了刨花，找遍了工具箱，甚至木匠的口袋，都没能找到，而那个孩子只是换了一个寻找的角度，即凭借手表指针"嘀嗒、嘀嗒"的走动声就轻易地找到了。

卡耐基说："一个人要想让自己的生活愉快、自在，在事业上取得重大的成就，学会变通是很重要的。"一次，爱迪生让助手帮助自己测量一个梨形灯泡壳的容积。助手接过后，立即开始了工作。他一会儿拿游标卡尺测量，一会儿在稿纸上计算，甚至还动用了一些复杂的数学公式，可几个小时过去了，还是没有算出结果。爱迪生看到助手面前摆满了各种工具书和废纸时，明白了一切。他拿起灯泡，朝里面倒满水，递给助手说："你去把灯泡里的水倒进量杯里，就会得出我们所需要的答案。"这时，助手恍然大悟，自己想得太复杂了。看来，学会变通，善于让自己的思维转身是很重要的。

是的，我们很多人就像爱迪生的助手一样，做事不知道变通，结果是花费了很多力气，到头来却一事无成。遇到看似难解的问题，学会换一种思维，从不同角度看，这样，"无法解决"的问题就变得简单化了，而这，才是真正的大智慧。

1916年,美国犹他州的小镇准备修建一座银行。镇长买好了地,备好了建筑图纸,可最后在砖头上出现了问题。因为,用火车运砖每磅要2.5美元,远远超出了镇里的预算。就在人们束手无策时,一个人想出了邮寄砖的办法,包裹每磅邮费是1.05美元,每个包裹装7块刚好不超重,比火车便宜了一半多。

这样,小镇的居民很骄傲地拥有了他们的第一家银行。更为有趣的是,这个故事后来还被西点军校作为案例选入了教材,用来诠释一条校训:要保持"头脑简单",敢于去干所谓"办不到"的事情。

通过邮局邮寄货物,这无疑是最常见的运输方式,然而,就是这样一个常见、简单而又便捷的方式,很多人就是想不到,为什么呢?因为他们不懂得转身。

同一件事,如果依照同样的思维习惯去运作,肯定不会有新的改变。但若能改变一下固有的思维方式,转个身,用不同的方法去开拓,自然会结出不同的硕果。学会转身,学会换一个角度看问题,从而把看似复杂的事情简单化,你就会发现人生其实好简单,成功其实离你也并不遥远。

在遇到困难时学会转身,换个角度看问题,问题往往就会迎刃而解。

学生活动一:

1.阅读这篇议论文,找一找议论文的三要素,分别是怎样体现的。

2.小组讨论:这篇议论文的结构是怎样安排的,带给你的写作启发是什么?常见的议论文结构有哪几种,请简要说说基本特点。

【教师点拨】

1.总分式,这种结构形式是按照提出问题、分析问题、解决问题的顺序来展开论述的。

2.并列式,先提出总论点,然后并列地从几个方面分别对总论点加以论述,即论述部分是由并列的几个分论点的论述组成的。

3.对比式,通过对比来论证论点。对比有正与反的对比,现在和过去的对比,这一事物与另一事物的对比,同一事物各个不同发展阶段的对比,等等。对比可以使观点更为鲜明。

4.归纳式,先摆出一系列能说明总论点的事实,然后归纳得出总论点。归纳式往往用于段落里对某个观点的论证,而用于全文时,一般与其他形式结合使用。

学生活动二:请小组讨论探究议论文这几种常见的结构模式,在安排上的共同点是什么?

【学情预估】学生能够说出:提出问题、分析阐述问题、总结。教师再此基础上点拨:议论文写作的基本模式建议:"立论—入据—小结—迭据—总结"。

第一步:立论。即在文章开篇首先明确提出论点,给人以论点鲜明的印象。当然,也可以说明论证的背景、缘由等有关前提,通过简单引述,提出论点。

第二步:入据。即在上面提出论点后,第一次进入用论据阐述。例如,这一环节可以选用史实,一般是较古老的历史论据。也可以是寓言、传说、历史掌故、名人轶闻轶事等。

第三步:小结。即在第二步阐述论据的基础上,进行简要分析,指出其具有的一般意义,进行小结。在此基础上,要随之联系现实生活,对论点加以阐述,承上启下,为下一步论证做准备。

第四步:迭据。即在上文小结之后,再一次运用现实生活中的事例作论据,进行论证。选用的事例要新,最好是当前媒体中新出现的典型事例。这些论据实际上与第二步中论据形成推进和迭加的关系,故称之为"迭据"。这样,一古一今,一旧一新,选择的论据,角度有变化,为论点提供了扎实有效的证明事例。

第五步:总结。在前面双重的事实论据论证的基础上,进行综合分析,对全文加以总结。

学生活动三:小组讨论,下面这篇议论文是怎样体现"立论—入据—小结—迭据—总结"5个步骤的。这种步骤写作议论文,有什么优势?

你永远拥有两个世界

①任何一个人都拥有两个世界,一个是手中的世界,一个是心中的世界。手中的世界是你已经掌握的世界,比如你现在从事的职业、你目前所处的地位、你当下的亲人朋友……心中的世界是你未曾掌握却时刻梦想获得的世界,比如你希望从事的事业、你渴望获取的财富、你渴盼争得的荣誉、你企望得到的人际关系……这两个世界构成了一个人的现在和未来,容纳了你所有的心血和汗水。

②人无疑应该善待手中的世界,手中的世界是看得见、摸得着的存在,它可以让你呼吸、给你温情。但人永远不能放弃心中的世界。人有一点与动物不同,那就是,人是为梦想活着的。没有梦想,人就没有朝气,就不会想方设法开发生命的种种潜能,就可能终生碌碌无为。心中的世界就像一座我们从来没有走进去的山,里面藏满了无数价值连城的珍宝;就像一条我们从来不曾趟过的河,里面充满着迷人的波涛。手中的世界只是我们走向心中的世界的一个基地,却不是我们停步的理由。

③我们想走向心中的世界,需要带几个伴侣上路。

④第一个伴侣是自信。自信就是相信自己能够创造某个辉煌、抵达某种高度的心理素质。人先要相信自己,才能超越自己。一个

过于自卑的人很难实现生命的辉煌。

⑤世界总是多向度的，生活中有阳光、云霞，也会有风雨、泥泞。抵达过心中的世界的人，在只有手中的世界的时候，无不遭逢过靠山山崩、靠水水流的日子。鲁迅先生一生的创作成就够高了吧，可他在民国教育部做公务员时，曾因支持学生运动，被教育总长章士钊开除过；写《哈利•波特》的乔安妮?凯瑟琳?罗琳现在够出名了吧，但她曾经离婚之后又碰上失业，最穷窘的时候连一日三餐都成问题。这两个人后来之所以能够走向美丽的心中的世界，是因为他们得到了忍耐力这个好伴侣。向往心中的世界的人与一般人的区别在于：面对失败，一般人会想，我这人太笨，注定干不成这个事，干脆算了吧；向往心中的世界的人则认为，我这么聪明，眼前这点困难算什么，换个方向再试几次，我就不信突破不了。结果，他们真的取得了成功。

⑥我们还应该极力地培育自己的才华。人固然要有梦想，然而，如果你缺少抵达梦想的起码的才华，梦想再多也是废纸。

⑦自信、忍耐力与才华的关系，好比一条河的奔流。自信、忍耐力提供的是河床，才华是实现河流流动的势能——没有河床，河流自然流得不那么痛快；没有势能，河流根本就流不起来。

⑧没有一个人不想踏平手中的世界的围栏，拥抱花红柳绿的心中的世界，但生活无时不在告诉我们：心中的世界不是高蹈于云端的极乐福地，它其实是一个人在手中的世界里不断出发、抵达的结果。

【学情预估】这种结构安排，易于掌握，思路清晰，论据充实，逻辑严密，论证充分，环环相扣，一气呵成。

三、实战训练

幼鹰到足够大的时候，鹰妈妈便把巢穴里松软的铺垫全部扔出去,这样,幼鹰们就会被树枝上的刺扎到,不得不爬到巢穴的边缘。而此时,鹰妈妈就把它们从巢穴的边缘赶下去。当这些幼鹰开始坠向谷底时,它们就会拼命地拍打翅膀来阻止自己继续下落。最后,它们的性命保住了,因为它们掌握了作为一只鹰必须具备的最基本的本领——飞翔!

要求:根据对材料的理解,自选角度,自拟题目,写一篇不少于600字的议论文。

学生活动四:小组内部交流自己的行文思路,同学们互相提建议。

1.小结:论点,论据和论证是议论文的三要素。论点是灵魂,论据是血肉,论证是骨骼。论点是解决"要证明什么"的问题,论据是解决"用什么来证明"的问题,论证是解决"怎样进行证明"的问题。这三个问题如果在构思时都想通畅了,就能写成一个观点明确、结构完整的议论文。

2.作业:按要求写作完成实验演练讨论的作文。

他山之石,佳作分析分享

春天的那个周末

春天——小溪潺潺,蜿蜒流淌;柳条抽青,小草发芽;阳光明媚,百花争艳。我喜欢春天的风景,一草、一木、一花都会深深印在我的记忆里……

春天的那个周末,取消了晚自习,不再上辅导课,作业三下五除二少得那么让我开心,幸福实在来得太突然!那一天晚上我手拿IPAD,沉醉在"中国好声音"中不亦乐乎,一直忙到大半夜,终于美美进入梦乡。第二天一大早,朦胧中听见爸爸的喊声:"起来,一起跑步去！"为了中考体测，我不情愿地爬起来。

清晨的马路，刚刚经过夜雨的洗礼。我轻松上阵，一路向前，很快就把爸爸甩在身后，还得意地取笑他："太慢了！"。大约跑了十分钟，我开始有点腿软，又跑了七八分钟，实在是累得气喘吁吁，蹲在地上休息。而爸爸却轻轻松松从后面赶上来，超过我，还回头向我招手。我勉强站起来，硬着头皮再跑几步，又走几步，快到爸爸跟前时，一个踉跄摔倒在地。爸爸扶我坐在边道上，语重心长地说："长跑靠耐力，谁坚持到最后，谁才是胜利者！"我抬眼看着爸爸，他慈祥的面孔上露出极为严肃的表情。我怯生生地问："您？今天的晨练还有别的意味？"爸爸的表情依然很严肃，严厉的眼神直盯着路边一处屋檐。顺着爸爸的目光，只见那屋檐的一角，昨夜的雨水似乎意犹未尽，还在一滴一滴往下滴，马路上的黄土混合着雨水，已经形成一股水流不停地往低处流去。"水往低处流。"我不禁自语。爸爸随即说："人往高处走！"说完，又向前跑起来。

我跟随在他身后，小腿还是软软跑了几步就又慢下来。爸爸也随之停下脚步，陪着我慢慢向前走。"长跑就像一场持久战，没有充分准备，就会败在中途，只有坚韧的人，坚持不懈的努力才能跑到终点！生活中很多事都是这样，一时放松，必将使自己的努力前功尽弃，只有每一天都在奋斗的人，才能收获成功的硕果！"我突然停下脚步，望着爸爸，若有所思地问："您是在批评我昨天晚上的表现？"爸爸没有回答，只是继续说："减负不等于放任自我要求，爸爸希望你不要做往低处流淌的水流，而能学会为攀登自己的目标不懈努力！"我久久凝视父亲的目光，那坚毅的眼神，即刻被我封存在记忆中，让我明白盲目乐观终将失败，而脚踏实地才是成功的奠基石。

感谢春天的那个周末，虽然没有朝霞的灿烂，却如午后阳光，让我倍觉温暖;感谢那条和父亲一起跑步的小路,虽然没有峭壁的险拔,却如高山巍峨,令我倍受鼓舞。这就是成长的道路,有爱有陪伴,有鼓励有教诲,有思考有启迪……